del hermano Gbi
Instrucciones A

Dios se centra en tu vida

Gbile akanni

Compilado por: Embajador Monday O. Ogbe

Table of Contents

Sobre el Autor 1
Libros de papá (hermano) Gbile Akanni 3
DIOS ME DIO DINERO PERO ME NEGÉ 4
Instrucciones A El Soltero 6
La razón por la que Dios se centra en tu vida 34
Gran oportunidad 44
GRAN OPORTUNIDAD 45
Oración de salvación 46
Oración de Salvación - ¡Dígala y dígala en serio ahora! 48
https://www.otakada.org/dbs-dmm/ 49
Únase al ARCA del DISCIPULADO INDIVIDUALIZADO CON JESÚS HOY: 50

Sobre el Autor

Nacido el 22 de junio, Daddy Gbile Akanni, conocido popularmente como hermano Gbile Akanni, es un predicador, autor y maestro de renombre mundial nigeriano. Tiene una comunidad interdenominacional que atrae a cristianos de todos los orígenes. Él no dirige una iglesia; es un predicador itinerante que va de una denominación a otra por invitación.

Conocido popularmente por su sencillez y preferencia por presentarse como "Hermano Gbile Akanni de Gboko", es mentor tanto de jóvenes como de mayores de todo el país. Él está entre la raza de líderes cristianos disciplinados por Pa Elton, para llevar el mensaje del reino de Dios hasta los confines de la tierra a través del Espíritu Santo.

Gbile Akani nació en una familia de "Ifa" (adoración de ídolos), en Masifa, Ogbomosho, estado de Oyo.

Se graduó de la Universidad de Ibadan y fue alumno de la Baptist Student Fellowship,

Su educación espiritual se remonta a la abuela de su amigo de la infancia (Rev. Dr. DurosinJesu Ayanrinola), que siempre intercedía para que él fuera una luz brillante en su oscura familia.

"Ella nos trajo a mí y a mi amigo íntimo, DurosinJesu, quien es su propio nieto, de rodillas cada bendita mañana entre 1970 y 1973, para oración profunda e intercesión antes de irnos a la escuela y a nuestro regreso por la tarde, nos reunió. nuevamente alrededor de su cintura para más oraciones y acciones de gracias. Ella deseaba y oraba para que yo me convirtiera en "una luz brillante" en medio de mi familia tan oscura. Cuando era perseguida en casa, ella era un "refugio" al que podía acudir, quien tenía una seguridad tranquilizadora en sus palabras: "No te preocupes, Akanni, tu padre... él también dejará esas cosas, como yo dejé mi adoración de ídolos. Me amenazaron a diestro y siniestro, pero me propuse en mi corazón no negar a Jesús. Hasta que muera, viviré para servirle".

Daddy Gbile Akanni es un hombre con un alto conocimiento de la Biblia. Dirige un ministerio, 'Living Seed' (una reunión semanal de compañerismo), con sede en Gboko, estado de Benue, Nigeria, donde reside.

El ministerio es transdenominacional y llega a todos los estados de la nación. Al retiro de liderazgo de sus ministros, que se lleva a cabo cada año en diciembre, asisten 15.000 líderes de todos los ámbitos de la vida, no solo de la Iglesia.

En su compañía "Living Seed", Gbile Akanni lleva a cabo anualmente Retiros de Liderazgo para Ministros. Cada año miles de personas asisten a este lugar. No importa cuál sea su origen, trasfondo o historia. Cualquier persona que busque a Dios puede encontrarlo en los sermones de Gbile Akanni. El Sr. Akanni no creó una iglesia sino un lugar donde los creyentes se convierten en discípulos justos con la ayuda de la Palabra de Dios.

Daddy Gbile Akanni está comprometido a convertir a los creyentes en discípulos. Tiene una gran profundidad de la palabra de Dios. Su enseñanza autorizada es profundamente desafiante y transformadora, y tiene un profundo deseo de ver a los creyentes centrarse únicamente en Jesucristo. Sus áreas de fortaleza son la enseñanza y la evangelización.

El hermano Gbile está felizmente casado con una médica, la mamá (hermana) Sade Akanni, y juntos tienen cuatro hijos y viven en Peace House Gboko, estado de Benue, Nigeria, África Occidental.

Libros de papá (hermano) Gbile Akanni

Como escritor prolífico, Daddy (Bro) Gbile Akanni es autor de los siguientes libros.

- La dignidad de la masculinidad
- Llegar a ser como Jesús
- Supuestos costosos
- Advertencia oportuna
- Cuando Dios Habla
- Trabajos silenciosos
- Llegar a ser como Jesús
- Fundación para la vida cristiana
- El modelo de Dios para el servicio cristiano
- Dame un trago
- Relacion matrimonial
- Búsqueda de Dios
- No más dos
- Trabajos silenciosos
- Un corazón bajo
- Aprovechando los recursos de Dios para la vida y el ministerio
- Comprender el concepto y las condiciones para el discipulado
- Belleza inmarcesible
- Lo que Dios busca en su vasija
- Cuando el venga
- Cuando los hombres de la fuerza necesitan una fuerza mayor
- Cuando los cielos están cerrados
- ¿Por qué nos quedamos aquí hasta morir?

Daddy (Bro) Gbile Akanni no está activo en las redes sociales. Sin embargo, puede seguir las actualizaciones de su ministerio a través del sitio web oficial de Living Seed Media aquí.[1]

---

1. https://livingseed.org/

DIOS ME DIO DINERO PERO ME NEGÉ

Fui el más calificado en la entrevista. Varios de los panelistas ya tenían buenos informes sobre mí de parte de sus esposas a quienes había enseñado el curso de "Física de la economía doméstica" en mi año de servicio. Incluso afirmaron,

"Señor. Akaani, tienes el trabajo. Realmente te necesitamos y te queremos. Nuestras esposas aprecian que les enseñes física".

Esperé en vano a que llegara la carta de nombramiento. Otros fueron nombrados pero yo no. Me sentí muy decepcionado porque no tenía un "plan B". No tenía otro lugar a donde mirar excepto al Señor que me ha guiado tan claramente a lo largo de los años y particularmente hasta este punto.

Todavía estaba esperando cuando se acabó todo el dinero que tenía y todos mis artículos de tocador se agotaron. Me quedé con sólo 30 kobo (la denominación más baja en la moneda nigeriana, que en realidad es menos de un centavo o un centavo).

Estaba tan frustrado hasta el punto que comencé a considerar hacer mi equipaje para mudarme de regreso a Ibadan, donde varios discípulos estaban esperando mi regreso. Mientras oraba una tarde, le dije a Dios:

"¿Es porque no tengo tarifa de transporte para ir a ningún lado que estás atando mi vida en este lugar?"

Inmediatamente, Dios movilizó y movió a un hermano, que estaba trabajando en un banco en la ciudad, para que viniera durante su tiempo de descanso a traerme el pasaje del transporte. Entró a mi habitación, mientras yo todavía estaba de rodillas y dijo:

"Hermano. Gbile, el Señor me dijo que te trajera este dinero urgentemente y es para el viaje que estás a punto de emprender. Necesito volver corriendo a mi escritorio en el banco".

Temblé ante lo que hizo el Señor y tuve miedo de tocar el dinero o cobrarlo del hermano, viendo que era un patrocinio para mí para salirme de la voluntad de Dios. Le rogué al hermano que conservara el dinero porque no estaba preparado para volver a emprender ningún viaje.

Cuando el hermano se fue, me volví hacia el Señor llorando y le pedí que me perdonara. Aunque no tenía nada que comer, no me apartaría de Su perfecta voluntad para mi vida. Entonces Dios comenzó a hablarme nuevamente.

DEL HERMANO GBILE AKANNI CON ENLACES DE AUDIO : INSTRUCCIONES A EL SOLTERO ; SPAIN EDI

"No es por falta de fondos que os mantengo aquí. Si quieres ir, eres libre de irte.

Pero dondequiera que vayas, hagas lo que hagas, prediques, cantes o enseñes, quedará registrado en tu archivo secreto ante Mí: 'Gbile fue destinado a servirme en el estado de Benue pero se ha fugado'.

Puedes tener todo el dinero que desees, pero no tendrás Mi Presencia".

Extracto de "Él me guía" de Gbile Akanni

Instrucciones A El Soltero

Debajo del enlace de audio del podcast:
https://podcasters.spotify.com/pod/show/otakada/episodes/Brother-Gbile-Akanni-Messages-Bro-Gbile-Akanni-Messages—Instructions-To-The-Unmarried-e2knn0a[1]

Tomemos ahora un matrimonio particular en la Biblia. Ojalá pudiéramos llevar a otros dos, pero esta vez estoy observando. No está de nuestro lado.

Que Dios nos ayude. Ahora, el matrimonio entre Rebecca e Isaac. Hagamos rápidamente un estudio rápido.

Y espero poder aplicar esto a las diversas categorías de hombres y mujeres que están en esta reunión. Los que están casados, los que aún están por casarse. Veamos qué vamos a decir allí.

Abraham era viejo y avanzado en edad, y el Señor había bendecido a Abraham en todo. Abraham dijo a su siervo mayor de su casa: Ellos son señores de todo lo que tiene. Pon ahora tu mano debajo de mi muslo, y te haré jurar por el Señor, Dios del cielo, Dios de la tierra, que no tomarás para mi hijo mujer de las hijas de los cananeos, entre los cuales hago la tierra, pero tú irás a mi tierra, a mi parentela, y tomarás mujer para mi hijo Isaac.

Y el criado le dijo: Por aventura la mujer no querrá seguirme a esta tierra. ¿No debo hacer volver a tu hijo a la tierra de donde vienes? Abraham le dijo: Guárdate de traer allí a mi hijo otra vez. El Señor Dios del cielo, que me tomó de la casa de mi padre y de la tierra de mis parientes, me hablará y me jurará diciendo: A tu descendencia daré esta tierra que envié a Israel delante de ti, y tomarás de allí mujer para mi hijo.

Ahora mira, ¿qué aprendemos de eso? Primera lección. Verá, Abraham estaba haciendo jurar a su siervo que bajo ninguna circunstancia, bajo ninguna condición, debía tomar una esposa entre los cananeos. Fue un juramento.

¿Cuántos de ustedes harán un juramento con Dios hoy? Di: No importa cuán terrible sea mi condición, nunca me casaré con un incrédulo. Es un juramento. Sí.

---

1. https://podcasters.spotify.com/pod/show/otakada/episodes/Brother-Gbile-Akanni-Messages-Bro-Gbile-Akanni-Messages--Instructions-To-The-Unmarried-e2knn0a

DEL HERMANO GBILE AKANNI CON ENLACES DE AUDIO : INSTRUCCIONES A EL SOLTERO ; SPAIN EDI

En el caso del yugo desigual, se suponía que era un juramento. Nunca estaré en yugo desigual. Incluso si no hay ningún hombre con quien casarme, prefiero quedarme soltera que casarme con un incrédulo.

Hermano, ¿ves lo que dijo este hombre? Él dijo: Entre las hijas de los cananeos entre las cuales habito, no tomarás esposa. Y habitamos en este mundo entre las hijas de este mundo. Los incircuncisos, los que no han nacido de nuevo.

No tomarás entre ellos una esposa para mi hijo. Quiero decirte hermano, Para que tu matrimonio tenga sentido, Dios hace un guiño al tiempo de la ignorancia. Para aquellos que estuvieron casados antes de entregar su vida a Cristo y se casaron con incrédulos, hermano, hay una cláusula diferente para ellos.

Aunque sufrirán un poco, pero ahora que lo sabes, ahora que naciste de nuevo antes del matrimonio, de hecho, ¿me estás escuchando? Incluso si han estado en noviazgo durante los últimos doce años, y su matrimonio duró tres meses, su boda duró tres meses, y Jesús los salvó y los transfirió del reino de las tinieblas. ¿Qué pasó con ese compromiso? Está cancelado. Ah, dirás, pero, oh Dios, llevo doce años con este hombre.

¿Qué quieres decir? ¿Doce años de noviazgo equivalen a un año de matrimonio? ¿Eh? Y algunos de ustedes hablan mucho. Llevamos mucho tiempo juntos. ¿Quien te lo dijo? Hasta que no te casas, no estás casado.

¿No es eso cierto? Y sólo tienes que ir y averiguarlo con aquellos que ahora se han metido en problemas. El marido con el que estaban casados, cuando estaban juntos en el noviazgo, mira lo que solía decir este hombre. Las cartas que solía escribir.

Él dijo: Oh Roke, no hay ningún cuerpo como tú. Entre todas las flores del jardín, tú eres la rosa de mi vida. Dice todo tipo de rosas.

El mismo hombre. El mismo hombre es el que lleva esa misma mano, con la que antes te daba palmaditas en la espalda. Bueno, si dices que me abofeteaste, te abofetearé otra vez.

¿Lo que ha sucedido? Les digo que el noviazgo, por muy dulce que sea, no es igual al matrimonio. El matrimonio no es cosa del pasado. Es una empresa de fe.

¿Sabes en qué será un hombre mañana? ¿Eh? ¿Ves lo que me molesta? He visto pastores, pastores, pastores de verdad, Antes de casarse. Pastores maravillosos. ¿Podrías imaginar alguna vez que un pastor cambiaría? Pero han cambiado.

¿Qué te dio confianza para estar protegiendo para un futuro que no conoces, si Dios no va contigo? El matrimonio no es lo que ya conocemos. Es una aventura de fe hacia lo desconocido. Y antes de emprender un viaje que nunca antes habían realizado, ¿cuántos de ustedes se han casado antes? ¿Eh? Nunca has estado allí antes, es un nuevo viaje para ti.

Necesitas una guía. Y así, el primer hombre que se casará ni siquiera será tu marido. Es el Señor Jesús.

Él nunca cambiará. En todo momento dice: Yo soy el que te trajo. Verás, y él dijo: Y la trajo al hombre.

Deberías poder saber quién te metió en este asunto. Eso te mantendrá en marcha. Algunas personas cuando están casadas comienzan a desplomarse.

El mayor problema que he enfrentado con la gente cuando les estás aconsejando, es cuando ya no pueden rastrear quién los llevó a ese matrimonio. Es una terrible derrota psicológica. Dijo: Entonces se acordará de todos los pretendientes.

Dijo: De hecho, cuatro hombres se me acercaron. No sé qué me impulsó a decirle sí a este hombre. Le dije hermana, no pensemos en eso.

Ya has dicho que sí, así que no vamos a retractarnos. Ese ya pasó. Enfrentémonos a la realidad ahora.

Le has dicho que sí. Así que no hace falta decir que desearía no haberlo hecho. No, lo que has dicho no lo puedes decir, no lo vuelves a decir.

Tú lo has dicho, así que guarda silencio. Porque qué terrible fue para ti casarte y encontrarte con problemas, y no puedes decir: Dios, tú me trajiste. Quieres arrodillarte para orar.

En lugar de que podáis invocar a Dios con valentía, dijo el diablo, pero ¿no desobedecisteis a Dios al venir aquí? Entonces ¿por qué te quejas? Nadie es dinero con el que te casaste. ¿Recuerdas la novia que tenía? Que engañaste y te casaste. No había dejado a esa chica.

Hermano, hermana, ¿cuántos de ustedes no están casados en esta reunión? Déjame ver tu mano arriba. Ah, tienes mucho. Dios mío, ya lo ves.

He estado hablando, hablando, hablando, hablando. Mira este. ¿Podrías, por favor, jurar ante Dios que no tomarás a ninguna de las hijas de los cananeos, entre quienes habitamos?

Es un juramento. Pusieron tu mano debajo de la mía, y juraron por Jehová. Había una pregunta.

DEL HERMANO GBILE AKANNI CON ENLACES DE AUDIO : INSTRUCCIONES A EL SOLTERO ; SPAIN EDI

Una pregunta muy importante, que aún es necesario responder. Esa pregunta fue: Y el criado le dijo: Paraventura, la mujer no querrá seguirme a esta tierra. ¿Debo traer de nuevo a tu hijo a la tierra de donde viniste? Pregunta muy importante.

Supongamos que la mujer no quiere seguirme a esta tierra. En este tipo de vida. En este tipo de experiencia espiritual.

¿Qué debo hacer? ¿Debo llevar a tu hijo de regreso al lugar de donde saliste? ¿Qué están diciendo? Supongamos que la mujer no está dispuesta a seguirme a este nivel de vida espiritual. Debido al matrimonio, ¿podemos considerar retroceder? ¿Estás escuchando eso? ¿Debo llevar a tu hijo de regreso al lugar de donde viniste? Hermano, ¿cuál fue la respuesta? Él dijo: Nunca. No lo intentes.

Dios hará que ella venga. Si Dios no la ha hecho venir, quédate con mi hijo. No debe ir allí.

Me niego. Hermana, suponiendo que el hombre no venga. Y cada vez dicen: Bueno, es algo de SU. Responde, sólo tú piensas en retrospectiva, lo de SU.

Por eso no vas a conseguir que nadie se case. Relajarse. ¿Eh? No puedes simplemente poner una cara seria.

Vestirte siempre como si fueras viuda. Y piensa que alguien se casará contigo. No.

Todos los chicos de hoy en día, ¿Qué es bueno? Aleluya. Están buscando algo que sea bueno. Tienen que hacer las paces.

Constituir. Te vistes muy bien. ¿Qué tiene de malo pintarse los labios? Para ser aceptable.

Todas esas cosas, no hay nada malo. Te vistes bien. Y ve a lugares.

No puedes simplemente estar escondido en la iglesia y decir que estás orando a alguien. ¿Cuántos hermanos hay en tu iglesia? No estan aqui. Entonces no te seguirán al interior.

Sales. Salgan y vean lo que están haciendo en la tierra. Esa era la pregunta.

Para la aventura. La mujer no me seguirá a esta tierra. ¿Debo llevar a tu hijo de regreso? ¿Puedo reducir la consagración? ¿Puedo reducir la santidad? ¿Puedo reducir mi conocimiento de la palabra de Dios y retroceder? ¿Podemos considerar un retroceso? ¿Podemos retroceder porque queremos casarnos? ¿Podemos decir, bueno, déjame regresar para subir? ¿Está eso permitido? Dios dice que no.

Hermanos. Incluso hay algunas hermanas. Hoy en día existen las llamadas hermanas en comunión.

Quieres proponerles matrimonio. Ella dice, bueno, no soy una fanática. Soy cristiano.

Nacido de nuevo. No soy un fanático. Mira, si quieres que nos casemos, cálmate.

¿Sí? Enfriarse. Todo este orar, orar, orar, orar, orar, orar, orar, orar, orar, orar, orar, todo este llamado misionero. Estoy predicando y llorando.

No creo en eso. Soy cristiano. Salvado por la gracia.

Estoy lleno del Espíritu Santo. ¡Sí! No, no, no voy a ir demasiado lejos. Escuchar.

Hay algunos de ustedes que dicen, el Señor, el Señor mismo es el que me convenció de que debía casarme con ella. No es cierto. La palabra de Dios dice, si ella no va a venir a esta tierra.

No puedes regresar. No se da un paso atrás para conseguir una esposa. Mientras ella aún no esté lista para correrse, sigue durmiendo.

Y Dios la trajo al hombre. Dios no trajo al hombre sobre ella. Cuando veo a dos personas cortando.

Y la hermana insiste en la mundanalidad. Insistir y decir reducir. Todos los hermanos y padres que Dios os dio en el Señor.

La chica te está diciendo eso, si quieres que tú y yo nos casemos. No te veo yendo con esos hermanos. Siempre son demasiado duros.

Quiero que te relajes. Disculpe. Incluso si el espíritu te despertó ayer por la noche.

Y dijo esa chica con la que debes casarte. Reconsidere su posición. Hay una razón.

El Señor aún no la ha traído. Cuando limpias la Biblia. Sabes que algunos de nosotros somos demasiado espirituales.

Estamos demasiado espirituales. Hay chicas que dicen: debes cambiar de iglesia antes de que pueda casarme contigo. Y te llevarás desde donde Dios te colocó.

Estás haciendo esto y aquello. Estás corriendo detrás de una chica. Esa no es la Biblia.

La Biblia dice, y el Señor la trajo. No debes regresar. Cuando empiezas a regresar, no puedes proporcionar la ración.

DEL HERMANO GBILE AKANNI CON ENLACES DE AUDIO : INSTRUCCIONES A EL SOLTERO ; SPAIN EDI

Cuando hayas regresado. Entonces no querrás moverte. Dices, no, no, no.

¿Porqué ahora? Me estás engañando. Pero tú y yo, ya te lo dije antes. Yo no quiero ir por ese camino.

Y aceptaste que volverás y te quedarás a mi nivel. ¿Por qué dices ahora que debemos irnos? ¿No dijo Dios que tu sí debería ser sí? Y tu no debería ser no.

Has terminado. Joven, has terminado. Esas preguntas, paraaventura.

Ya conoces la paraaventura. ¿Cuál es el significado de paraaventura? En caso. No decimos que sucederá.

Pero si sucede. Y ella no estará dispuesta a seguirme a esta tierra. Porque necesito traer a tu hijo de nuevo a la tierra de donde viniste.

Abraham le dijo, ten cuidado. Esa es la instrucción correcta. ¿Hacer lo? Tener cuidado.

Ten cuidado. Tú, tú, tú, tú, tú. Ten cuidado.

Que no vuelvas a traer allí a mi hijo. Y hermano. El matrimonio no es motivo para retroceder.

Creo que deberías seguir durmiendo hasta que Dios la traiga. Hay uno que Dios traerá para ti. Como estudiamos ahora.

Dios nos ayude en el nombre de Jesús. Si ya estás retrocediendo para atrapar a una chica. Te aconsejo esta tarde.

¿Hacer lo? Para. Si has hecho tantos ajustes. Ajuste estructural.

Ajuste eso. Oh, eres muy amable de servir. La muchacha te ha servido la unción.

Has servido a la gracia de Dios en tu vida. Solías ayunar y orar antes. Pero desde que empezaste esa adoración.

Ella dijo: no, no, no, no, no. No puedo casarme con un hombre que no quiere comer. Y el día que sepa que estás comiendo.

Ese es el día que lo hará ahora. Y yo dije. En tu nariz.

Y antes de que te des cuenta. Él dijo, mira. No puedes decir que no estás comiendo.

Porque he trabajado. No puedo ver que desperdicies todo mi trabajo aquí. Y tomas excusa del Señor.

Y di, Señor. ¿Lo entiendes? Cuando eres una chica así. Te aconsejo.

Te lo aconsejo con firmeza. En términos contundentes. Tener cuidado.

Tener cuidado. Tener cuidado. Hay un agujero delante de ti.

GBILE AKANNI AND AMBASSADOR MONDAY O. OGBE

Una vez que el matrimonio no está debidamente contraído. Al principio. No hay nada que podamos hacer para repararlo.

Es muy peligroso. Necesitas orar. Ésa es una instrucción para los que no están casados.

Alguna gente dice. Eso fue lo que me pasó a mí. Yo baje.

Lo siento hermano. Has caído. Ya has caído.

Tu propio. Será mejor que te acuestes ahí. Y di, Señor.

Estoy casado. Estoy casado. ¿Sabes el significado de casado? Boda.

He estado casado. Casado. Verás, esa palabra es una palabra muy peligrosa.

Mi boda. Aleluya. Estás casado.

No digas, hermano. No hay nada que puedas hacer. Instálate allí.

Instálate allí. Todo lo que no puedas hacer con la vida. Con Dios.

Que Dios te ayude. Pero para aquellos que aún no han entrado, tengan cuidado.

El Señor Dios del cielo. Lo que me sacó de la casa de mi padre. Lo que te salvó.

Y de ese estilo de vida. Y que me habló. Eso me lo juro.

Él irá delante de ti. Y toma una esposa para ti. Dios lo hará.

Amén. No entrar en pánico. Nunca entres en pánico.

Dios te dará una esposa. Con quien puedes vivir. Hermana, Dios te dará un marido adecuado.

No bajes. Porque quieres ir con un hombre. No por favor.

La razón por la que doy estas instrucciones. Es por lo que estamos a punto de descubrir. En las Escrituras.

Ahora, cuando continúes. Dijo, si la mujer no quiere seguirte. Entonces quedarás libre de este mi juramento.

Sólo que no traigas a mi hijo allí otra vez. Ya ves eso. Entonces, ¿cuál es el significado de eso? Prefiero que mi hijo.

Permanece soltero. Que estar en yugo desigual. Algunos de ustedes se apresuran a casarse.

Entonces, ¿qué obtuviste? ¿Qué obtuviste de un matrimonio equivocado? ¿Cuál fue tu beneficio? ¿Por reincidir para casarse? Nada. Era mejor que no estuvieras casado. Si permanece soltero hasta ahora.

Algo bueno habrá pasado. En lugar de casarse. Una persona equivocada.

Yugo desigual en el matrimonio. Es un gran pecado ante Dios. Muy grande.

DEL HERMANO GBILE AKANNI CON ENLACES DE AUDIO : INSTRUCCIONES A EL SOLTERO ; SPAIN EDI

Jóvenes que necesitas conocer. Y cuando hablo de yugo desigual. No me refiero sólo a que ella no va a la iglesia.

Ella va a la iglesia. Pero ella no está dispuesta a seguirte a la tierra. Que Dios te ha guiado.

Ése es un yugo desigual. Cuando dos personas vienen a mí y me dicen. Hola tío.

Y estamos a punto de hacerlo. Yo digo que vayan y me llamen juntos. Digo este joven.

Esta es la dirección que sabemos que tomó. ¿Vas a ir con él? Cualquier alma. Cualquier chica.

Quien se niega a ir. Ser llevado por Dios. ¿Quién quiere que el marido venga a la casa de su padre?

Con la condición de su propia costumbre. Ella no esta casada. Aún no.

Y si no haces concesiones al principio. Dios te ayudará en el nombre de Jesús. Entonces sabes que el hombre se fue.

Y Dios lo bendijo. Creo que porque mi tiempo no está ahí. No puedo estudiar todo eso contigo.

Pero es muy interesante. Pero no tengo tiempo. Dios te dará entendimiento en el nombre de Jesús.

Ahora vayamos rápido. Al verso. Verso 50.

Entonces Labán y Betuel respondieron y dijeron. La cosa procedió del Señor. No podemos hablarte mal ni bien.

Mirad. Rebeca está delante de ti. Tómala y vete.

Y sea ella la mujer del hijo de tu señor. Como el Señor ha hablado. Y aconteció que cuando el siervo de Abraham oyó sus palabras.

Adoró al Señor. Inclinándose ante la tierra. Y el siervo sacó alhajas de plata.

Joyas de oro y vestimentas. Y se los dio a Rebeca. Y dio también a su hermano y a su madre.

Cosa preciosa. Y comieron y bebieron. Él y los hombres que estaban con él.

Y se quedó toda la noche. Y se levantaron por la mañana. Y él dijo.

Envíame a mi señor. Y dijeron su hermano y su madre. Que la doncella se quede con nosotros unos días.

Al menos diez. Después de eso ella se irá. Y él les dijo.

No me lo estorbes. Ver al Señor ha prosperado mi camino. Enviame lejos.

Y voy con mi maestro. Y él dijo. Llamaremos a la damisela y le preguntaremos en su boca.

Y llamaron a Rebeca y le dijeron. Enviame lejos. Y ella dijo que iré.

Paremos ahí. Paremos ahí. Que Dios nos ayude en el nombre de Jesús.

Ahora el número uno. Matrimonio bíblico correcto. ¿Eh? Debe ser con el consentimiento de los padres.

No conoces a una chica en la orilla del río. Y echa tu manto sobre su cuello. Y llévala.

No importa cómo se ore. Y recuerdas que este hombre oró. Yo creo.

Él oró muy bien. Para que viniera la chica adecuada. La chica adecuada.

Todas las cosas que dijo que Dios debería hacer. Ya estaba hecho. Pero eso no fue suficiente.

Hermanos. Realmente puedes orar. Y crees que Dios te ha revelado una hermana.

Ese es sólo el paso número uno. No te atrevas. Llévate a esa chica.

Cuando sus padres todavía lo dicen. No te conocemos. Son días que.

Todos los mandatos bíblicos han sido desechados. Y ves gente joven. Incluso en la iglesia.

Llevan chicas. Hermanas. Mi padre.

No te preocupes por mi madre. Sabes que lo he sido. Llevo años dando terapia.

Yo nunca he visto. Hasta dos de esos matrimonios funcionaron. No funcionó.

Y tu niña. ¿Conoces al hombre con el que vas? Que estás tirando a la basura.

Todos los que se hubieran podido establecer. Liderazgo espiritual sobre él para ti. Los tiras para seguir a un extraño.

Cuando hablo de padres. Hablo de padres físicos. También hablo de padres espirituales.

Los que os han criado en el Señor. ¿Por qué no los permitirías? Para confirmar.

Tu liderazgo. Y estar de acuerdo. Para liberarte.

¿Por qué te fugarías con un hombre? Sin haberse conformado. Verás.

Él fue. Y habló con los padres. Habló con el hermano.

Habló con Betuel. Y habló con la madre. Y les dio la oportunidad de considerarlo.

DEL HERMANO GBILE AKANNI CON ENLACES DE AUDIO : INSTRUCCIONES A EL SOLTERO ; SPAIN EDI

Y él dijo que la cosa procedía del Señor. No podemos hablar contigo. Malo o bueno.

Pero algunos padres. Algunos padres. Son muy notorios.

No lo permitirán. No lo permitirán. No es verdad.

Cuando es Dios. Lo permitirán. Puede que lleve tiempo.

Pero lo permitirán. Varios de nosotros hemos pasado por eso. Y mientras esperábamos.

Y oró. Porque sabíamos que era el Señor. Ellos lo permitieron.

La Biblia dijo. Le dieron la oportunidad. Ellos dijeron.

Rebecca está delante de ti. Tómala y vete. Déjala ser la esposa del hijo de tu amo.

Como el Señor ha hablado. ¿Qué hizo él? Sacó joyas de plata. Joyas de oro.

Restos. Dáselos a Rebecca. También se lo dio a su hermano.

A su madre. Cosas preciosas. Acordamos la dote antes de casarnos.

Cosas preciosas. ¿Él les dio qué? Cosas preciosas. Él no la está comprando.

Pero lo hizo. Entonces si te piden que pagues dote. No la reclames por fe.

Más bien reclame el dinero por fe. Y ve y acomódate. Serás un hombre responsable de esa manera.

Bueno, ya sabes. Voy más lejos que eso. Así que sigamos.

Pero hay algo más. Eso quiero señalarte. Lo cual debe.

Debe observarse. En nuestros matrimonios. El hombre dijo.

Envíame a mi señor. Dijeron su hermano y su madre. Que la doncella se quede con nosotros.

Unos pocos días. Si la doncella se queda con ellos unos días. ¿Se habrá celebrado ya el matrimonio? Ese es el problema.

Hay veces. Eso a pesar de que se haya celebrado el matrimonio. ¿Los padres se niegan a hacer qué? Dejar ir.

No es fácil. No es fácil. Por eso la Biblia no lo dice.

Por eso será un niño. Deja a su padre y a su madre. Los niños no pueden vivir solos.

El matrimonio es para hombres maduros. Cuando no has alcanzado un nivel. Donde puedas vivir solo.

No intentes casarte. Y algunos de ustedes, hermanos jóvenes. Te casas en el salón de tu padre.

Eso no es correcto, ¿sabes? Tu padre acaba de decir. No te preocupes.

Lo arreglaremos todo. Ve y cásate. Eso no es correcto.

No importa lo ansioso que esté. Quieres que tus hijos se casen. Deben casarse en su propia casa.

Debes dejarlos ir. Ya sabes, dijeron. Al menos diez días.

¿Qué añadirán diez días? A la vida de Rebecca. Pero ese suele ser el engaño. De los suegros.

Disculpe. Cuando quieras casarte. Esos días que tus suegros te exigen.

No estés de acuerdo. Esos pocos días que dice tu padre. Permanecer.

Que todos ustedes se queden primero. No. Esos pocos días son días peligrosos.

Son días que afectan tu matrimonio para siempre. No te permiten despegar. No te permiten enfrentarte a ti mismo tal como eres.

Sigues viendo a tu marido a la sombra de su padre. Es cierto que es posible que no sepas cocinar. Como la madre de tu marido.

Mientras ella esté cerca mientras cocinas. No es suficiente. Mira marido no es suficiente.

Digamos que mi hijo no come este tipo de cosas. Lo llaman unos días. Hace años que no preguntan.

Sólo piden unos días. Pocos días de interrupción. Puede descentrar su matrimonio.

Pocos días de invasión. Puede hacer que su matrimonio se confunda para siempre. Cuantas veces.

Escuchar. Que solo una madre te visitó por unos días. Esos pocos días.

Se peleó con su esposa. Y tu esposa se enojó y abusó de ella. Y ella te dejó de por vida.

¿Se ha resuelto esa disputa? Ella abusó de ti. Ella no quiere que ninguno de nosotros se acerque. Por vida.

Pocos días que pueden convertirse en años de problemas. Ese joven. Ese sirviente.

Él dijo no. ¿Sabes lo que dijo? No me lo estorbes. Pocos diás.

Son días de obstáculos. No me lo estorbes. Cómo desearía que entendiéramos el estándar bíblico del matrimonio.

Me impide no ver que el Señor ha prosperado en mi camino. Envíame un camino para que pueda ir a mi amo. Entonces versículo 57, 58.

DEL HERMANO GBILE AKANNI CON ENLACES DE AUDIO : INSTRUCCIONES A EL SOLTERO ; SPAIN EDI

Cuestiones cruciales. Dijeron que llamaremos a la damisela. Y pregunta en su boca.

Verás en el momento en que le preguntan a su boca. Hermanos, debo decirles. Aunque te paguen la dote.

La dote aún no está casada. Amén. En cualquier punto.

Cuando una mujer dice no voy contigo. ¿Por qué no regresas y descansas? Por eso cuando llevamos personas al altar para que se unan a ellos.

Finalmente les volvemos a preguntar. ¿Alguno de ustedes lo sabe? Cualquier impedimento.

Por qué no deberían estar unidos legalmente. Dilo ahora. Esperamos.

Suponiendo que la mujer en ese momento diga. Tengo miedo. Detendremos el matrimonio.

Un compromiso roto es siempre mejor. Que un matrimonio roto. Incluso si ese compromiso es justo el día de la boda.

No hay ningún problema. Preguntaremos en su boca. Y así lo ves.

El matrimonio es un compromiso personal. Su boca. Nadie debería hablar por ti.

He escuchado a algunas personas decir que ya sabes. Pastor dijo que ese es el hombre con el que debería casarme. Por eso fui allí.

No te cases con un hombre por culpa del pastor. Pastor. El pastor no siempre estará ahí.

De hecho, si te casas con un pastor, él siempre estará ahí. Ese pastor es un demonio. Échalo fuera.

Ah ya ves. Ya ves hermano, estás yendo demasiado lejos. No soy.

El matrimonio es entre dos personas. No es entre un hombre. Una mujer más su pastor.

No hay nada como eso. El pastor tiene que prepararlos para el matrimonio. Una vez que se casen y terminemos.

El pastor debería regresar a su ministerio. Y permítales despegar. Liberalos.

No digas que este hombre es tan útil en este ministerio. Y siempre lo estás sacando. No por favor.

Sueltenlo. Eso es lo que significa casarse. Llamaremos a la damisela y le preguntaremos en su boca.

Entonces versículo 58. Y llamaron a Rebeca y le dijeron. ¿Irás con este hombre? Tenga en cuenta.

Tengo algunas cosas que decir al respecto antes de detenernos. El matrimonio es un ir de una mujer con el hombre. Tenga en cuenta que.

No dijeron si este hombre irá con esta mujer. Cuando dijeron: ¿irás con este hombre? ¿Quien va? ¿Se va el hombre? Entonces llega la mujer.

Escuchar. Aquí es hacia donde vamos ahora. Cuando tienes esta convicción de que quieres casarte.

Como hermana. Estas listo. ¿Hacer que? Para ir con un hombre.

El hombre tiene el viaje. ¿Estás entendiendo eso ahora? ¿Solo estás haciendo qué? Yendo con él. Vas con él.

No cambias el orden. ¿Y dijo que el hombre debería hacer qué? Ir contigo. No.

No es para acompañarte. Tú eres quien debe ir con él. Todas las esposas deben ir con su marido.

Cuando tu marido se levanta y dice voy por este camino. No importa lo que estés haciendo aquí. No importan todos tus amigos.

¿Qué les dices? Voy con mi marido. La dirección de tu marido es tu dirección automática. ¿Irás con este hombre? Cuando se va a discutir un asunto.

Y él dice que esta es la dirección en la que quiero ir. Es posible que haya decidido ir en esta dirección antes. ¿A qué te dedicas? Suspendes tu propio viaje.

¿Y hacer qué? Y ve con él. Ésa era la cuestión. ¿Irás con este hombre? Y Rebecca dijo: ¿Haré qué? Voy a ir.

He estado leyendo la Biblia. No he visto un solo lugar. Donde era una Mutua Bagge.

¿Donde es? Si tú vas por ahí, yo no voy. No voy. Se puede ir.

Voy a estar aquí. Siempre que vayas, ve, ve, ve. No es así.

No existe ninguna Biblia que enseñe eso en el matrimonio. Te diré la responsabilidad del hombre. Pero ¿la primera responsabilidad de la mujer es hacer qué? Es ir con el hombre.

¿Me estas escuchando? Supongamos que vamos a una reunión de la iglesia. Y la gente habla y habla y habla. Y su marido se puso de pie y dijo que esto es lo que creo que voy a hacer.

¿Qué dijo Dios que deberías hacer? Ve con él. No dices que esa es la opinión de mi marido pero yo tengo mi propia opinión. No, eso no es bíblico.

Debes seguir sus convicciones. Vé con él. Mi marido va a la iglesia católica.

Vé con él. Esa es la Biblia. Dices pero ves que somos pentecostales.

DEL HERMANO GBILE AKANNI CON ENLACES DE AUDIO : INSTRUCCIONES A EL SOLTERO ; SPAIN EDI

No no no. No tergiversemos la Biblia. Porque es conveniente para nosotros y para los miembros de nuestra iglesia.

Suéltala, déjala ir. Porque ese es su pacto. Yo iré con él.

Dices pero se perderán. No se perderán. Esa hermana nunca se perderá.

¿Sabes por qué? Cuando ella se vaya, santificará a ese hombre. Y el hombre de repente dirá: No volveré a ir aquí. Y luego el hombre traerá de regreso a su esposa.

¿Y le preguntará señora cómo lo hizo? Bueno, el Señor. Mi marido acaba de despertarse en mitad de la noche. Dijo que incluso este reverendo padre dijo que ni siquiera entiendo lo que están haciendo.

Todas estas cosas. Y él dijo: ¿podemos ir a tu iglesia? Él dijo que no, si vas allí, iré contigo. Esa es la Biblia.

No me importa lo que digan los hombres. Cuando vemos la Biblia la seguimos. A veces ni siquiera me conviene.

¿Estás entendiendo eso ahora? Pero no podemos hacer nada contra la verdad. Pero para la verdad debemos predicar la verdad. Y someter nuestras vidas a la verdad.

¿Irás con este hombre? Eso es lo que dijiste cuando estabas casado. Ahora no puedes darte la vuelta y decir que sabes que no quiero ir con él. Debes ir con él.

Vé con él. Pero puedes cambiar su dirección. ¿Sabes por qué? Porque tiene cabeza.

Puedes apelar al jefe. Por eso ya he señalado que no intentes casarte con un incrédulo porque su cabeza es el diablo. Su padre es el diablo.

¿Te gusta que el diablo sea tu suegro? Por eso no es bueno. Pero si es hijo de Dios nacido de nuevo lleno del Espíritu Santo. ¿Quién teme a Dios? No hay ningún problema.

Incluso si él dice que va a ir aquí, puedes decir que voy contigo. ¿No he hecho eso durante varias vidas? Como el Señor dirigió. Un señor, un hermano cuando intentaba portarse mal decía que se iba a la política.

Se estaba metiendo precipitadamente en la política. No estaba interesado. Así que cada vez que él se iba ella decía adiós, adiós.

Y este joven iba a todas partes. Por supuesto, hay chicas nuevas que ahora se están moviendo. Cuando los amigos políticos van de visita, ella no está para cocinar.

Ella vino y dijo hermano mi familia. Dije escucha. Dije si.

¿Qué está haciendo tu marido ahora? Dijeron que no le hagas caso, no le hagas caso. Lo ha dejado todo. Él va por la política.

No estoy interesado. ¿Cómo puedo ser político? No no no. La miré.

Dije ¿quieres que Dios te ayude? Ella dijo que sí. Dije: ¿cuál fue exactamente tu voto matrimonial cuando te casaste? Ella dijo: Lo escucharé, lo obedeceré. Dije ve y obedece.

SIGUELO. ¿Dijo hermano a la política? Eso es peligroso. Dije que él va allí.

Vé con él. Si no vienes a tener compañerismo otra vez, lo entiendo. Vé con él.

Cuando llegue a casa esta noche, muestra interés y pregúntale. ¿Qué tal? ¿Se ha realizado la nominación del partido? Preguntarle. Dijo pero no me interesa.

Dije que sí, sé que no estás interesado. Incluso a mí no me interesa. No estoy interesado.

Vé con él. Pero tenemos un control remoto. Ya que sabemos que esa no es la voluntad de Dios para él.

Apelamos a Baba en el cielo para frustrarlo. Pero mientras tanto prepárate para cocinar para todos sus visitantes. Lo frustramos de rodillas.

Y envió a la mujer a ir con él. Entonces, ja, ja, esto, ja, ja, aquello. Se movían por todas partes.

Cuando llegaron las elecciones no obtuvo nada. Escuchar. Sabes que el día que regresó fue un milagro.

Él vino y dijo mira. He terminado con la política. La política es inútil.

Qué tan mal. No, no, no, ahora serviré al Señor. No no.

Van a la cruzada. De pueblo en pueblo. Esto es en lo que debería pasar mi vida.

Dijo la esposa. Tío, esto funciona. Dije que siempre funciona.

La palabra de Dios siempre funcionará. Puede que al principio parezca poco razonable, pero funciona. Es un privilegio.

Si hiciste una sugerencia. Y su marido decidió adoptarlo. Pero debes ponerlo en su mano.

Para que sea él el que vaya. No es bueno si en todos los puntos. Tu marido dijo oh.

Qué quedan o qué debemos hacer ahora. Ya que eres tú quien va. ¿Puedo seguirte?

No es bueno. Si tu marido hace eso. Por favor deja de ir.

DEL HERMANO GBILE AKANNI CON ENLACES DE AUDIO : INSTRUCCIONES A EL SOLTERO ; SPAIN EDI

No tenía intención de seguir adelante. Sólo estaba haciendo una sugerencia para ponerla en tu mano. Tú eres el que sabe ir.

Y el que solo va contigo. Si tienes una visión. Hay algunas hermanas aquí.

Te oigo decir que tienes una visión. Y doy gracias a Dios por tu visión. Amén.

Gracias a Dios por tu visión. Pero ¿por qué no orarías? Y pon esa en tu visión.

En la mano de tu marido. Y que se convierta en su propia visión. Lo único que sucederá es eso.

Cuando está en su mano. Ya no será como si estuviera en tu mano. Tendrá una forma diferente.

De un hombre que es. Para que puedas ir con él. Y no estará mal.

Cada visión que Dios le da a una mujer. Es ir con su marido. Me estas escuchando.

Amén. Si tu marido dice que el Señor me ha llamado a. ¿Es evangelismo infantil?

O una evangelización de aldea. ¿Puedo informarle? Dios no puede darte una visión.

Otra visión. Para. Para Abuya.

Si tienes esa visión. ¿Sabes el nombre de esa visión? Es división.

No. Debes ir con él. Y si rezas más.

Verás que esas cosas que creías que Dios te dijo. En realidad es ir con este hombre. Tu habilidad es ir con él.

Vuestra merced es ir con él. Tus regalos es ir con él. Irá con él.

Te digo que irá con él. Puede que no lo sepas ahora. Pero irá con él.

De repente descubres lo que creías que era independiente. Encajará en esa visión. Irá con él.

Ponlo en su corazón. Y ve con él. Y Dios te bendecirá.

Y lo despidieron. Rebecca su hermana y su enfermera. Y el siervo de Abraham y sus hombres.

Ahora escucha. Éste es el asunto crucial. Bendijeron a Rebeca y le dijeron.

Eres nuestra hermana. ¿No es así? Sé la madre de miles o millones.

Y que tu descendencia posea la puerta de los que los odian. Ahora mire el capítulo 22. Génesis 22.

Por favor, compruébalo rápidamente. Versículo 17. ¿Puedes leer hasta el versículo 18?

¿Dónde se pronunció esa bendición? ¿Eh? Eso fue en el monte de Moriah. ¿Dónde estaba esa bendición? ¿Dónde se estaba pronunciando la bendición del versículo 60 del capítulo 24? Fue en el mineral de Cardia. ¿Sabes cuántos años de intervalo? Isaac tenía unos 12 años.

Cuando se dijo esto de él. Pero ahora eran 40 años. Cuando iba a casarse con Rebecca.

¿Cuántos años ya? 28 años. ¿Qué descubres? ¿Se dan cuenta que la bendición del versículo 17 del capítulo 22. Y el versículo 60 del capítulo 24?

¿Notas que son iguales? ¿Eh? Está bien. Cuando una mujer dice iré con un hombre. ¿Sabes lo que pasa? Dios pone el destino.

La visión. El Ministerio. La expectativa.

De ese hombre. Él te lo pone. 28 años.

Intervalo. No importa. Cuando una mujer dijo iré con este hombre.

Entonces Dios. Para unirme a ellos. Se pondrá esa mujer.

Todo lo que Dios esperaba que el hombre lograra. En el plan de Dios. No existen dos ministerios diferentes para un hombre y su esposa.

Cuando digo no hay dos diferentes. Quiero decir que sólo tienen un objetivo que lograr. Es posible que ella tenga que llevar a cabo un aspecto diferente de la misma visión.

Pero no es un enfoque separatista. Dijeron que eres nuestra hermana sin madre de miles o millones. Y que tu descendencia posea la puerta de los que los odian.

Exactamente. Ése es el milagro del matrimonio. Puedo decírtelo con seguridad.

Ya que dijiste que irás con este tu marido. Dios ha puesto su destino en ti. Lo que Dios quiere que él logre es exactamente lo que Dios exige y pone en tu vida.

Y se lo digo a los maridos. Deja de mirar a izquierda y derecha y di tal vez esa otra hermana estará orando mejor por ti. No fueron ungidos para hacerlo.

Es tu esposa la que Dios ha puesto. Las bendiciones de tu destino sobre ella. Será mejor que te concentres.

No estoy de acuerdo contigo. Que piensas que hay otra hermana en alguna parte. ¿Quién comprende mejor tu visión que tu esposa?

No. No estoy de acuerdo contigo. No hay nadie así.

DEL HERMANO GBILE AKANNI CON ENLACES DE AUDIO : INSTRUCCIONES A EL SOLTERO ; SPAIN EDI

Temporalmente puede mostrar poca comprensión. Pero Dios la traerá a vuestro entendimiento. No hay alternativa a la esposa de un hombre en el programa de Dios.

Hasta que la muerte los separe. Si tu esposa cae muerta ahora. Lo que Dios hace es ese el mantra de tu vida.

Eso se lo pusieron a ella. Baba lo eliminará. No lo enterraremos con ella.

Baba lo recogerá. Y sostenlo. Hasta que haya hecho otro.

¿Quién podría usarlo? Entonces estoy orando. Eso incluso en cualquier condición en la que te encuentres.

Comprenderás el propósito de Dios para el matrimonio. Es más que una preocupación social. Es ante todo espiritual.

Aleluya. Así que os digo. Si miras muy bien a tu esposa.

Ella es la única. Que Dios ha atado tu destino. Por eso te lo digo.

No conozco a nadie. Trabajamos con muchos hermanos y muchas hermanas. Y eso es bueno.

Pero no existe ninguno de ellos. Eso podría estar donde está su esposa. Amén.

No hay ninguno de ellos. Eso podría soportar la carga de tu vida. Como lo hace tu esposa.

No hay ninguno de ellos. Que Dios ha atado tu destino a su cuello. Como tu esposa.

O como tu marido. Por eso te aferrarás a ella. Por eso vas a aferrarte fuerte a ella.

Por eso vas a decir Señor. Nada se interpondrá entre esta mujer y yo. Ella es la que tiene tu destino.

Aleluya. Entonces Rebeca se levantó. Y Adán dice.

Y montaron en el camello y siguieron al hombre. Y el siervo tomó a Rebeca y se fue por su camino. ¿Eh? ¿Por dónde se fueron? Él siguió su camino.

Hay un camino que Dios le mostró que debía tomar. Allí fue donde siguió Rebeca. Deseo.

Entonces cuando digo pero ¿cómo puedo ayudar a mi marido? Vas a orar por él. Di Señor, no permitas que mi marido tome el camino equivocado. Comienza a orar por él.

Intercede por él Señor. No dejes que tome una decisión equivocada. No dejes que se distraiga de tu camino.

Y si rezas por él. Dios responderá esa oración. En lugar de esperar hasta que se pierda el camino.

Te dije. Te dije. Te lo estoy diciendo.

Crees que no soy sabio. Sé lo que estoy haciendo. Todo eso que sabes hacer.

¿Por qué no lo pones en la mano de Dios? Y dile que Baba se lo dé. Que lo reciba como del Señor.

No como de ti. Hombres. Todavía quiero confesar que los hombres.

Su ego es muy fuerte. Muchos hombres no quieren quitarle nada a sus esposas. ¿Está eso bien? Pero hay una manera en que una mujer puede poner algo en manos de su marido.

Y el hombre lo habrá tomado sin saberlo. ¿Sabes como? Pásalo a Dios. Pásalo a Dios.

¿Recuerdas cuando él entró en la vida de Sara? Esa mujer me encanta estudiar contigo pero no hay tiempo más. Esa mujer.

Ella era sumisa a su marido. Cuando dijo ve aquí. Ella fue.

Pero cuando llegó el momento de expulsar a Ismael y Aga. Al principio sabes que la chica era arrogante. Ella se dio cuenta.

Cuando el ángel la conoció. ¿Qué le dijo el ángel? Regrese y envíe. A Abrahán.

¿A quién? A tu amante. Así es como debería ser. Pero cuando llegó el momento.

Para que esa mujer sea expulsada. Sara le dijo a su marido. Arrojar.

La mujer nacida y su hijo. Porque ella no tendrá herencia con mi hijo. Ella está hablando exactamente la palabra de Dios.

Pero el marido no puede actuar en consecuencia. Excepto que viene de Dios. ¿Recuerdas que? Entonces fue y dijo Dios.

Dios dijo que sí en realidad. Ve y haz lo que te dijo tu esposa. Ves esposas.

No veo por qué tienes miedo. No hay necesidad. Sólo necesitas llegar a Dios.

Algunas de tus sugerencias. Que estás hablando con tu marido. Dijo que no, no podemos hacer eso.

No te preocupes. No discutas sobre eso. No lo conviertas en una pelea.

Di bien. Entonces, ¿qué quieres que hagamos? Te seguimos. Pero luego se lo devolvéis a la mano de Baba.

De repente mientras se va. De repente verá la mano de Baba. Toma esto.

Esta es la nueva dirección. Esto es lo que dijo su esposa. Baba dijo que sí.

DEL HERMANO GBILE AKANNI CON ENLACES DE AUDIO : INSTRUCCIONES A EL SOLTERO ; SPAIN EDI

De hecho, se lo dije a su esposa. La próxima vez. Cuando haces una sugerencia.

En lugar de tirarlo. Él dijo Señor, ¿eres tú el que me pasa a través de mi esposa? Él puede seguir tus instrucciones. Incluso puede obedecer lo que usted ha dicho.

Pero no como por ti. Lo está obteniendo a través del Señor. Sólo esposas que pueden esconderse en Dios.

Puede convertirse en una influencia positiva para su marido. No decimos eso. No escuches a tu esposa.

No. Los maridos escucharán a sus esposas. Pero a través de Dios.

Si tengo hermanas. Que no insisten en su sugerencia. Pero primero se lo llevan a Dios.

Di Señor. Como va mi marido. No creo que esté bien.

Señor, ¿puedes por favor dirigirlo? Estaba pensando que si vamos así. Funcionará bien.

Y si Baba está de acuerdo. Baba dijo que es verdad. Baba dijo, por favor, ve y díselo.

Dijo que no hijo. Sabes que no debo decírselo. Díselo tú solo.

Y antes de que pueda decírselo. Que lo escuche. De tu boca.

Y Baba dijo que está bien. Escucha cuidadosamente. Cuando escuchas el sonido.

Quiere decir sobre las moreras. Ese es el momento en que puedes hablar. Esposas.

Es posible. Para saber cuándo hablar con tu marido. Cuando sea la única primavera, lo diré.

Sí, he tratado con él. Díselo ahora. Ya he hablado suficiente de Rebecca.

¿No es así? Miremos ahora a Isaac. E Isaac se apartó del camino. Del camino. Por una sequía en el país del sur. E Isaac salió. Meditar en el campo.

Ves a un hombre. El tipo de hombre con quien casarse. ¿Qué notas sobre él ahora? Era un hombre de oración.

Era un hombre que habitaba en la presencia de Dios. Conoces ese nombre de Lahiroi. El significado de esto es que el pozo de él.

¿Eso hace qué? Eso me ve. Un hombre que habita en la presencia de Dios. Que habita junto al pozo de agua viva.

Salió a meditar al campo al atardecer. Fue a orar. Ahora mire la Biblia ahora.

Estas son cosas muy simples y simples. Levantó los ojos. ¿Y qué hizo? Y vio. Y he aquí que venían los camellos. La Biblia dijo. Él miró hacia arriba.

Y vio venir camellos. Y luego 64. Y Rebeca.

¿Hizo qué? Levantó los ojos. Y vio a Isaac. ¿Cuál es el significado de este? ¿Cuál es el significado de esto ahora? Veo.

El lugar correcto para buscar. Para poder verse ustedes mismos. Adecuadamente.

Es mirar hacia arriba. Miren al Señor unos por otros. Dejad de miraros a la cara.

Si se miran a la cara, verán todo tipo de problemas. Todo tipo de problemas. Eso te echará a perder.

Pero si la estás buscando. Antes de verla habrás visto al Señor. Sólo la verás en la belleza del Señor.

Y lo verás en la belleza del Señor. Los dos miraron hacia arriba. Hermoso.

Si marido y mujer siguen buscándose el uno al otro. Mirando al Señor unos por otros. Cuando tu esposa hace algo que no entiendes.

En lugar de enfrentarla. ¿Por qué no miras primero al Señor y dices? Caballero.

No entiendo por qué mi esposa hizo esto. Y el Señor dijo. No te preocupes.

Es un error. Le diré que no vuelva a hacer eso. Es sólo un error.

Cuando el Señor te administre así. Sabes que es muy fácil. No lo dirás.

Lo siento. Yo sé eso. Eso fue un error.

El Señor me dijo que fue sólo un error. Sabes. Ella esperaba que la atacaras.

Y decir. Mírate. ¿Por qué haces esto?

Sino porque el Señor ya os había administrado. Él dijo. No te preocupes.

Necesito acariciar tu corazón. Ella se liberará y se relajará. Y casi se desmorona en tu corazón.

Se miraron el uno al otro. Así que mira eso. Cuando vio a Isaac.

Ella encendió el camello. La siguiente nota. ¿Ella hizo qué? Léelo para mí en otra versión.

NVI. NVI. Cuando vio venir a Isaac.

¿Que hizo ella? Léelo. Versículo 64. Vi a Isaac.

Ella bajó de su camello. Y preguntó al sirviente. Amén.

Ella se agachó. De su camello. Hermanas.

DEL HERMANO GBILE AKANNI CON ENLACES DE AUDIO : INSTRUCCIONES A EL SOLTERO ; SPAIN EDI

No puedes contraer matrimonio. En tus camellos. ¿Estás entendiéndome? No puedes contraer matrimonio.

En el carro que estás montando. Sé que esos camellos son los que montas desde la casa de tu padre. Pero cuando estás a punto de entrar en la vida de tu marido.

¿Qué debes hacer por favor? Cálmate. ¿Qué les digo a todas las hermanas? Cálmate. Cálmate de tu camello.

Tu camello de análisis. Tu camello de ojos abiertos. Tu camello de comprensión.

Tu camello de inglés grande, grande, grande, grande, grande. Si quieres casarte contigo. ¿Hacer qué por favor? Cálmate.

No puedes casarte montando un camello. Cuando vio a Isaac. ¿Qué está haciendo ella inmediatamente? Ella bajó del camello.

Hay ciertos camellos que montas antes de llegar a la casa de tu padre. Sólo Dios te interpretará esos camellos. Usted los conoce.

No puedes insistir en montar esos camellos hacia el matrimonio. Esto dispersará tu matrimonio. Cálmate.

Quizás seas profesor. Cuando realmente quieres contraer matrimonio. Cálmate.

No te casas siendo profesor. ¿Me estas escuchando? Hay algunos de ustedes que por la gracia de Dios se han formado como abogados. Interrogas a criminales aquí y allá.

Cuando estás a punto de contraer matrimonio. Disculpe. ¿Qué haces por favor? Cálmate.

Cálmate de eso. No puedes simplemente poner a tu marido en la tribuna y que te lo pidan y te lo digan. ¿Pero por qué hiciste esto? No.

Cálmate. Cálmate. Todo esto no me cuestiona.

Sé que lo aprendiste cuando estabas soltera. No quieres que la gente te engañe. Entonces ese es uno de los camellos que estás montando.

Y te ha llevado a lugares. Te ha hecho prominente. Pero ahora que estás a punto de casarte.

¿Qué debes hacer? Cálmate. No puedes sentarte en esos camellos y tener un matrimonio victorioso. Cálmate.

Cálmate. A veces tienes que calmarte de tu inteligencia. Para que su matrimonio funcione.

Cálmate. Gracias a Dios por Rebeca. De repente sabe que este es el hombre al que no puedes encontrarlo en camello.

Cálmate. Hay algunos de ustedes que en realidad es incluso el entrenamiento espiritual que tuvieron. La iglesia de donde vienes.

La forma en que hablaban en la iglesia y todo eso. Y como te acercas al matrimonio. No puedes montar ese camello en tu matrimonio.

¿Hacer lo? Cálmate. Cálmate. Dices que no.

No. En nuestra iglesia esto. No.

Excepto que no quieres volver a casarte. Si no quieres volver a casarte, puedes montar en camello de regreso al desierto. Muchas mujeres van sobre sus camellos y por eso no tienen marido.

Sé que Dios te ha dotado de tantos camellos. Son regalos que recibisteis de vuestros padres. Pero en el matrimonio no montamos en camellos.

qué hacemos? Nos calmamos. Ella bajó. Ella bajó.

Ella bajó. Porque ella le había dicho al sirviente. ¿Qué hombre es éste que camina por el campo hacia nosotros? Y el siervo dijo: es mi señor.

Ella hizo otra cosa. Otra cosa importante que hizo. Ella bajó.

¿Está eso bien? De sus camellos. ¿Qué hizo ella de nuevo? Ella tomó un velo. Ella no vería a su marido con los ojos abiertos.

¿Estás comprendiendo ahora? Tomó un velo y se cubrió. Todos aquellos de ustedes. Sí, te lo digo.

Cuando eres una chica soltera. Es normal. Cuando te mueves entre tus compañeros en la universidad.

Cuando el joven le cuenta a tu hermana. Yo digo si. ¿Qué quieres decir? ¿Qué quieres decir? Generalmente, si no lo haces, te engañarán.

¿No es así? Pero este hombre no es tu compañero de clase. Él es tu marido. Entonces ¿qué haces por favor? Cálmate y ponte un velo.

Verá, dice la Biblia. Las mujeres deberían estar cubiertas de vergüenza. Estamos hablando de vida.

La versión yoruba fue muy interesante. Que utilicen la vergüenza para embellecerse. Eso fue lo que dijo 1 Timoteo capítulo 2.

Ella tomó un velo. Iba a esconderse bajo una manta. Una señal de sumisión.

Un signo de humildad. Se cubrió con un velo. Aleluya.

Entonces, ¿cuál fue la respuesta de Isaac? Versículo 67. E Isaac. ¿Hizo qué? La trajo.

DEL HERMANO GBILE AKANNI CON ENLACES DE AUDIO : INSTRUCCIONES A EL SOLTERO ; SPAIN EDI

En la tienda de su madre Sarah. ¿Escuchaste lo que dije? E Isaac la llevó donde estaba su madre. El único lugar que vence a tu esposa.

Es la tienda de tu madre. El lugar que ocupaba tu madre en tu vida. El respeto que le diste a tu madre.

El honor que le diste a tu madre. Ahí es donde. Alabado sea el Señor.

Ahí es donde debería estar la esposa. La tienda de campaña de la madre. Te conozco.

Podrías abandonar a tu padre fácilmente. Pero ¿has podido? ¿Dejar a tu madre antes? ¿Es posible? ¿Has podido olvidar a tu madre? Hay un viaje.

Eso hace a las madres. Indispensable. Y ahí es donde Dios ordenó.

Para que entre tu esposa. No hay otro lugar. Eso encajará.

Si. Tu esposa no entrará en ese lugar. El honor que le diste a tu madre.

Le pertenece a ella ahora. El cuidado. El respeto.

La ternura. El oído que escucha. Le diste a tu madre.

Ella realmente se convierte en esencia. Tu madre. Ves esa Biblia.

Es contrario a nuestra cultura. Esa mujer. Que Dios te está dando por esposa.

¿Puedes sacarla de donde la estás poniendo? Y tráela. Hasta donde reservas para tu madre.

Nunca antes has abusado de tu madre. Te resultará extraño abusar de tu esposa. No es que tu madre nunca se haya portado mal.

Sino porque ella es tu madre. Aguantaste con ella. Y Rebecca tomó.

Traído, quiero decir, Isaac la trajo. En casa de su madre. Cama.

Esa es la primera cosa. Así que deja que te pregunte. ¿Dónde está tu esposa hoy? ¿Continúas jactándote ante tu esposa y diciéndole?

Ay madre mía. Oh dulce madre. Mi madre.

Cualquier cosita voy a ver a mi mamá. Cualquier cosita. Si es mi mamá.

Y es por eso. El mayor problema en muchos matrimonios. Son suegras.

¿Lo has notado? Suegras ni siquiera suegros. Son las suegras. A las madres les resulta difícil liberar a su hijo.

Y aún así si quieres tener un buen matrimonio. Esa mujer debe ocupar su lugar. La próxima vez que mamá venga a dormir a su tienda.

Oh, ella ya está allí. Dime ¿quién ocupa mi lugar? Di ah mami, debo decirte que ahora tengo otra madre. Debes ser audaz.

Para comunicar esto a tu madre. Cuando ella venga. Ella sólo duerme fuera de su tienda.

Generalmente no es fácil para las madres. Pero aprenderán. Próximo.

Paso. Ese versículo 67. ¿Qué es? Y se llevó a Rebecca.

Verás la palabra tomada. Lo sabes cuando lo lees. No parece gramatical.

¿Cómo se toma? ¿Cómo se toma? Como si fuera un alfiler para coger. Pero la Biblia es muy interesante. ¿Cuál es el significado de eso? Se llevó a Rebeca.

Verás. La Biblia nos hizo hacerlo. Se llevó a Rebeca.

Tomó a la persona. Él no tomó su vestido. Él no tomó su dinero.

No tomó sus propiedades. ¿Qué tomó? Rebeca. La persona completa.

Bueno y malo. No hay ninguna persona. Eso es bueno o malo.

Y no hay nada amargo por dentro. No es así como estamos hechos. Hay buena sangre dentro de todos nosotros.

Eso es muy, muy amargo. ¿Es eso correcto? Pero está dentro. ¿E Isaac hizo qué? Isaac tomó a Rebeca.

Él la tomó por completo. El no dijo. No no no no.

No quiero todo esto. Lo único que quiero de ti son tus pechos. Y algunas personas.

Sólo tuvieron sexo. De sus esposas. Otras responsabilidades.

Dijo que ve y ocúpate de ello. No sólo se llevó las cosas de Rebecca. Se llevó a Rebeca.

Aceptación completa. Usted no sabe. Conoces la palabra.

Cuando estaba leyendo en yoruba. El yoruba era más fuerte para mí. Estaba leyendo en yoruba.

Encontré un hombre. Encontré una mujer. ¿Conoces la palabra mujer? ¿Cuál es el significado de mujer? Mujer.

¿Entiendes eso ahora? Mujer. Lo que sea que veas allí. ¿Hacer lo? Mujer.

Tómalo. ¿Entiendes eso ahora? ¡Tómalo! Y tomó a Rebeca. ¡Tómalo! No rezamos para que entierren a su esposa, pero si lo es, ¡hágalo! Farama! Y tomó a Rebeca.

Les mostraré ahora que se llevó a Rebeca. Esa mujer estuvo enterrada durante 20 años. Y tomó a Rebeca.

¡Se la llevó! Él dijo, esa es mi esposa. Puede que haya algún aspecto de su vida que no anticipaste. Y de repente descubres que, ah, no sabía que esto es así.

¿Qué dice la Biblia que hizo? ¡Él lo tomó! Farama! Verá, ahora parece la palabra adecuada para nosotros. ¡Él lo tomó! Tomó a Rebeca. ¡Ésa es mi casa! Ahora no se sentó y dijo: Mufele, esto no me gusta.

DEL HERMANO GBILE AKANNI CON ENLACES DE AUDIO : INSTRUCCIONES A EL SOLTERO ; SPAIN EDI

Quiero esto. Uh-uh, este no. ¡Ah! ¿Cuál puedo volver a tomar? No hay nada de eso.

Tomó a Rebeca. Verá, el matrimonio correcto no permite que se excluya ningún aspecto de la mujer. Todo debería estar tomando.

Y cuando empieces a tomarla como tu esposa, crecerás. ¡Crecerás! ¡En lugar de, Zekai! Sabes, la mayoría de las cosas de las que te quejas de tu esposa, a veces, cuando hablo con la gente y les doy consejo, piensan, oh hermano, eres pro-mujeres. Yo digo que no, no lo soy.

Sólo estoy a favor de la Biblia. Simplemente me gusta seguir la Biblia. ¿Qué dijo que deberías hacer ahora? Farama! Ya sea largo o corto, ¿hacer qué? Tómalo.

Y tomó a Rebeca. Luego la siguiente palabra y ella se convirtió en su esposa. Sabes que eso parece muy trivial.

Ella se convirtió en su esposa. Ella se convirtió, una, en su responsabilidad. Ella se convirtió en objeto de cuidado.

Ella se convirtió en su objeto de ternura. Ella se convirtió en su esposa. Cuando leo esa Biblia, me conmueve.

Ya no puede relacionarse con Rebekah como con ninguna chica externa. ¿Sabes lo que te estoy diciendo? No soy particularmente responsable de escuchar a ninguna hermana. ¿Está eso bien? Si te escucho, estoy siendo muy, muy educado.

Pero hay alguien a quien debo escuchar. ¿Quién es ese? Mi esposa. Él dijo que ella se convirtió en su esposa.

La responsabilidad de ser marido. ¿Vas a proveer para alimentar a esta esposa? Ella se convirtió en su esposa. Antes de ese tiempo, Isaac no tenía a nadie a quien cuidar.

Hay muchas niñas en la familia de Isaac. Eleazar tuvo muchas hijas y varias más. Pero ninguna se había convertido en su esposa.

Él no es el marido de ninguno de ellos. Por eso cuando la Biblia dice que debe ser marido de una sola mujer. Un hombre que cuida de una sola esposa.

Hay muchos hermanos que tienen muchas esposas. Pero sus otras esposas ni siquiera son mujeres. Algunos están casados con la computadora.

Sabes que la computadora ahora es su esposa. Gastan más dinero en mantener una computadora que en cuidar de sus esposas. Algunas personas se casaron con un perro.

Perro. Si le haces algo a su perro, los ves enfrentarse a la señora y decir: mira, ¿qué le hiciste a, a, a, a, a, a, a, a, a, a, a, a, a, a, precio, y, precioso? Ese es perro. La familia no ha ido a comer.

Pero el precioso debe comer. ¿Qué es precioso ahora? Se ha convertido en la esposa. ¿Quien es tu esposa? ¿Quien es tu esposa? Hay algunos de ustedes, el ministerio es su esposa.

Ministerio. Tu iglesia es tu esposa. Vas desde la mañana hasta la noche, dices mi ministerio, mi ministerio, mi ministerio, mi ministerio.

Pones todo en el ministerio. Nada para la esposa. Tienes dos esposas.

Tienes dos esposas. Y ella se convirtió en su esposa. Con eso se convirtió en marido.

Que Dios te haga un esposo. Ella se convirtió en su esposa. Y él la amaba.

¿Ves dónde entra el amor ahora? El la amaba. La única característica de un marido es el amor. El la amaba.

Y verás, Isaac se consoló después de la muerte de su madre. La esposa debería traer consuelo. Las esposas deberían brindar apoyo.

Las esposas deben traer satisfacción. Que Dios bendiga nuestros hogares en el nombre de Jesús. No importa que el problema sea el matrimonio.

El matrimonio bíblico no suele estar libre de problemas. Y el problema es nada. No es motivo para romper el matrimonio.

Las tormentas normalmente vienen sólo para unirlos más. ¿Ves cómo he denunciado a Isaac? Ya sabes, incluso en su vejez, todavía practicaba deportes con su esposa. ¿Recuerdas adónde fueron? Y el rey de ese país, creo que Gera, cuando se fueron, el error que cometió su padre, él también lo cometió.

Les dicen que no eres mi esposa. Así que un día, el rey estaba sentado en la ventana y estaba mirando desde el balcón y vio a Isaac. ¿Hacer lo? Deportivo.

Sabes que la Biblia es simplemente ser cortés. Deportivo. Dijo que estaba acariciando a su esposa.

Ese es el significado. Estaba tan orgulloso de su esposa que podían jugar juntos afuera. ¿Tantos maridos? No.

Son tan hostiles. Si están en el público y dicen, ¿qué estás dando? ¿Qué estás dando? No no no. No me molestes aquí.

No me molestes aquí. No hay nada. Consideras eso como espiritualidad.

Que no es. Que no es. Que no es.

Isaac, amaba a la esposa. Él se la ha llevado. Él la ha aceptado.

DEL HERMANO GBILE AKANNI CON ENLACES DE AUDIO : INSTRUCCIONES A EL SOLTERO ; SPAIN EDI

No se avergüenza de estar con ella en público. Pueden ir juntos a cualquier parte. No hace falta hablar tanto y decir, esa es su esposa.

Dicen, ¿dónde está su esposa? Dicen, oh, no conoces a esa mujer. Esa es su esposa. No.

Pueden charlar juntos. Eran amigos. No sólo demostró amor en el dormitorio cuando no hay luz.

Ahí es donde la mayoría de los hermanos demuestran su amor. Dicen: te amo. Te amo cuando no hay luz.

Pero Isaac abrazó a la esposa. Incluso públicamente, podrían mantenerse unidos. Pero sabes que estuvieron casados durante 20 años.

¿Qué hizo Isaac? La Biblia dice que Isaac tenía 40 años en el versículo 20 del capítulo 25 cuando tomó a Rebeca por esposa. Hija de Betuel, el arameo de Padán Aram. E Isaac imploró la ley para su esposa porque ella era casada.

Y el Señor le suplicó y concibió Rebeca su mujer. ¿Puedes ver eso? En lugar de acusar a la esposa y decirle, mira, eres tú quien me retrasa. ¿Qué hizo él? Suplicó al Señor.

Le rogó al Señor. Él oró: Señor, por favor ayúdanos. Y el Señor le respondió: su mujer concibió.

Resolvieron sus problemas orando, no peleando. Dentro de 20 años, si te casas con una esposa durante 20 años y ella no te entrega nada, ¿qué harás? Tengo pastores que, debido a que sus esposas no han dado a luz, ahora sacan a relucir una razón y dicen, de hecho, el Señor en realidad no me guió a este matrimonio. Entonces empiezan a hablar de hacer restitución y han desechado a sus esposas porque están casados, sólo porque están buscando un bebé.

Este hermano tomó a su esposa. Ella estaba casada, él se la llevó. 20 años, se la llevó.

Fueron juntos a todas partes. Cuando oró, concibió. Una cosa que vi con la mujer fue que ella oraba.

A los dos, los conozco desde el principio, todos oraban. Todos orantes. Detengámonos aquí, hermanos, porque según veo, es posible que hoy no salgamos de aquí si continuamos.

Vamos a orar juntos. Dios ha deseado que su matrimonio sea un éxito. Y eso es lo que quiero que reclames.

Quiero que estés de acuerdo con nosotros y estés de acuerdo con Dios. Este mensaje afectará a nuestro hogar. Este mensaje afectará a nuestro hogar.

La razón por la que Dios se centra en tu vida

Debajo del enlace de audio del podcast
https://podcasters.spotify.com/pod/show/otakada/episodes/Brother-Gbile-Akanni-Messages-The-Reason-For-Gods-Focus-On-Your-Life-e2knn3g

Padre, esta noche estamos de pie. A ti hemos venido.

Y la Biblia dice, al Señor será la reunión de su pueblo. Cualquier cosa que viste acerca de nosotros, cualquier visión que tengas acerca de nosotros, que nos has mantenido vivos, que no has permitido que seamos eliminados entre nuestra generación, esa visión debe hacerse realidad en el nombre de Jesucristo. Esas cosas que viste, esas cosas, oh Dios, que has determinado, por tu decidido consejo sobre cada vida que está aquí, nada las truncará en el nombre de Jesucristo.

Nada la truncará en el nombre de Jesucristo. Jesús nació para ser algo, pero desafortunadamente, antes de que pudiera realizar su visión, algo alteró su vida. Esta noche estamos para declarar cada interrupción, cada distracción, cada secuestro por parte del reino de las tinieblas.

Estamos esta noche para declarar de ninguna manera en el nombre de Jesucristo. De ninguna manera en el nombre de Jesucristo. Espíritu Santo, hay un tiempo determinado que Baba nos ha fijado.

Ese tiempo, nada faltará en el nombre de Jesucristo. Así que esta noche, al comenzar esta reunión, sólo quiero pedirte que tu divina palabra llegue a nosotros. Que tu consejo divino comience a desarrollarse ante nosotros en el nombre de Jesucristo.

Le pido, Padre, que cada manipulación de Satanás sobre cualquier vida aquí esta noche, me presente como su siervo, y por la razón de la unción, esparcimos tales manipulaciones en el nombre de Jesús. Cada confederación que no es llamada por Dios, que ha estado sentada, sentada para ver que estos niños no entren en su herencia, esa confederación esta noche es declarada legger. Así que desde este encuentro os dispersamos en el nombre de Jesucristo.

Quien dice Satanás y sucede y no es el Señor. Todo cáncer que hayas tomado contrario al propósito de Dios, sobre cualquiera de los niños que están aquí, te lo ordenamos y lo declaramos nulo y sin valor en el nombre de Jesús. Gracias por escuchar nuestra oración.

DEL HERMANO GBILE AKANNI CON ENLACES DE AUDIO : INSTRUCCIONES A EL SOLTERO ; SPAIN EDI

Y esta noche, Padre, esta palabra que quieres enviarnos, déjanosla ahora mismo. Gracias por escuchar. En el nombre de Jesucristo, hemos orado.

Amén. Percibo que hay una razón por la que el cielo está tan movilizado por ti. Porque hay un asunto crítico que naciste para cumplir.

Y es de eso, de lo que el Espíritu de Dios está hablando, en cuanto al tiempo, el tiempo fijado para vuestras hazañas. Sólo quiero leer un pasaje muy breve esta noche, sólo para darles la bienvenida. ¿Por qué Dios está invirtiendo en tu vida? ¿Por qué Dios está invirtiendo tanto en mi vida? ¿Por qué el cielo está tan interesado en ti? ¿Y por qué el infierno está en un rango tan crítico gracias a ti? ¿Por qué el diablo está molesto? ¿Por qué el diablo está nervioso por ti? ¿Por qué el diablo lucha con uñas y dientes? ¿Por qué está inquieto por ti? ¿Y por qué Dios centra su atención en ti en un momento como este? Ésa es la palabra corta que pretendo traer esta noche.

Y mientras oramos juntos para poner en marcha esta reunión, confío en que el Espíritu de Dios traerá una idea personal de por qué Dios se centra en su vida. Te leeré un pasaje muy familiar. Y me gustaría hablar un ratito.

Entonces, por favor, ve conmigo a Hebreos. Hebreos capítulo 11. Hebreos capítulo 11.

Versículo 23 y versículo 24. Podemos leerlo hasta el versículo 27. Pero lo que vea esta noche tal vez no nos permita llegar tan lejos como ese versículo 27.

Porque sólo pretendo plantear un tema de oración. Y luego oraremos juntos esta noche. Antes de retirarnos y comenzar a organizar la reunión.

Hebreos 11. Versículos 23 y 24. Por la fe, Moisés, cuando nació, estuvo escondido por tres meses de sus padres.

Porque vieron que era un niño adecuado. Y no temieron los mandamientos del rey. Por la fe Moisés, cuando llegó a la edad adulta, rehusó ser llamado hijo de la hija de Faraón.

Elegir más bien sufrir aflicción con el pueblo de Dios que disfrutar de los placeres del pecado por un tiempo. Estimando el oprobio de las riquezas de Cristo mayores que los tesoros de Egipto. Porque tuvo respeto por la recompensa del premio.

Por la fe, abandonó a Egipto. Sin temer la ira del rey. Porque sufrió como si viera al Invisible.

Me detengo allí por esta noche. Pero el mensaje que siento que Dios quiere que les traiga está en ese versículo 23. Y si es posible, lleguemos al versículo 24.

Y luego nos detendremos por esta noche. ¿Por qué toda la inversión? El versículo de la Biblia que hemos leído, como dije, es popular. Quizás lo hayas leído antes.

Y es posible que incluso hayas hablado de ello. Pero esta noche hay algo hirviendo en mi espíritu. Acerca de por qué Dios se está enfocando, invirtiendo y peleando por tu vida.

¿Saben que cada uno de ustedes que ha sido liberado sobre la tierra, hubo una profecía alrededor de su vida de la cual el cielo está muy celoso? ¿Sabes que en realidad naciste para cumplir una tarea divina? Es una lástima que no hubiera ningún registro, registro físico, que alguien pudiera haber guardado sobre las discusiones en el cielo antes de que te liberaran para pasar por el vientre de tu madre. Y es también una lástima que algunas de nuestras madres y algunos de vuestros padres no hayan tomado nota minuciosa de los mugidos, de las discusiones que tuvo el cielo antes de que vosotros fuerais liberados para venir sobre la faz de la tierra.

Y a veces, debido a ese nivel de falta de comprensión y revelación, es posible que vivas como si simplemente existieras. Pero hay una profecía para la que naciste. Y por eso el diablo se enfurece.

Y ha estado luchando, luchando con uñas y dientes, para saber si puede confiscar eso y convertirte en una sombra de lo que deberías ser. Es por eso que comencé esta reunión esta noche orando contigo para que las cosas para las cuales naciste, el propósito que se te propuso trabajar, las hazañas para las cuales naciste, nada de eso sea truncado en nombre de Jesucristo. Fue muy, muy conmovedor para mí.

Cuando leo en el libro de Génesis, capítulo 15, quiero que todos ustedes revisen rápidamente algo en Génesis. No vamos a tardar mucho en ello. Sólo quiero que compruebes algo antes de regresar a donde estamos.

En Génesis, capítulo 15, esto fue muchos, muchos, muchos años antes de que nacieran el padre y la madre de Moisés. Esto fue muchos, muchos años incluso antes de que naciera el tatarabuelo de Moisés. Hubo una profecía.

Porque cuando mañana empiece a hablar del tiempo fijado, del tiempo fijado para sus hazañas, entonces estaremos entendiendo que hay un tiempo fijado porque hay una agenda fija que debe cumplirse en este espacio de tiempo particular en el arreglo divino de Dios. . Por lo cual, y quiero que me escuches atentamente esta noche. Para lo cual naciste para trabajar y realizar.

DEL HERMANO GBILE AKANNI CON ENLACES DE AUDIO : INSTRUCCIONES A EL SOLTERO ; SPAIN EDI

En Génesis, capítulo 15, quiero que leas el versículo 13. El Señor estuvo hablando con Abraham hace muchos años. Y mira lo que Dios le dijo.

En el versículo 13, y dijo a Abraham: Ten por seguro que tu descendencia será extranjera en tierra ajena y los servirá y los afligirá. ¿Cuántos años? Dios. Quien ve el fin desde el principio. Ya habló de lo que sucederá con los hijos de Israel que aún no habían nacido.

Dijo saber con seguridad. ¿Cuál es el significado de la palabra fianza? Ciertamente. Permítanme decirles que hay certezas y ciertas cosas que el cielo se ha comprometido a llevar a cabo en esta generación en las que ustedes tienen un papel que desempeñar.

Mientras veo a cada uno de ustedes reunirse en esta reunión, no los doy por sentado porque mis ojos se están abriendo para ver un poco de lo que les espera. No creo que sean sólo un grupo de estudiantes que he reunido. He visto hombres y mujeres del destino sentados en esta reunión esta noche.

He visto a hombres y mujeres ordenados durante varios años, incluso antes de que aparecieran en el centro de atención, de cuyo cuello cuelgan las profecías. Y entonces, al darles la bienvenida a esta reunión, quiero que sepan que hay algo serio, algo eterno, algo celestial que pende de su cuello y que deben estar preparados para llevar a cabo para Dios. Por eso traerte a esta reunión para mí no es cosmético.

No es una rutina. No es una mera actividad. Es una preparación muy crítica porque en poco tiempo se hará manifiesta la razón por la que naciste, la razón por la que fuiste criado y la razón por la que has sido expuesto.

Y Satanás está muy nervioso. No le gusta esta reunión. Él no quiere lo que huele porque si estallas, ¿me estás escuchando? difundirás una condena para el reino de las tinieblas.

Pero le guste o no a Satanás, la voluntad de Dios con respecto a usted debe cumplirse. No necesitamos la cooperación de Satanás. Le guste o no, el cáncer del Dios Altísimo que concierne a ustedes permanecerá en el nombre de Jesucristo.

Entonces, ¿te imaginas que Dios le estaba diciendo a Abraham que sepas con seguridad que esto va a suceder? Y Dios le estaba diciendo y le dijo mira tu descendencia, tu descendencia y él no había tenido ni un bebé como en aquel tiempo dijo Dios, para que sepas que esto que te digo sucederá, tus bebés, tu descendencia irán a otra nación y servirán a esa nación durante 400 años. Y después que los saque saldrán con gran sustancia y a esa nación a la que servirán juzgaré a esa nación.

Dios dijo esto cuando Abraham a partir de ese momento no tenía ni pezuña y menos niño. Así que, antes de seguir adelante, puedo informarles que aquello para lo que naciste se ha determinado hace varios cientos de años. ¿Por qué Dios está haciendo inversión? Es porque las cosas que Dios ha hablado acerca de usted tienen un tiempo.

¿Se imaginan que cuando se trataba del propósito de Dios que se habló muchos, muchos, muchos cientos de años antes de que sucediera, Moisés nació en una familia muy, muy insignificante? Pero tan pronto como nació ese niño, quiero que sepan que este es el asunto. Tan pronto como nació ese niño, la madre y el padre, según la Biblia, dijeron que vieron que había un niño apropiado. Verás cuando dijeron que vieron que había un niño propiamente dicho otras versiones que sí lo entienden dicen que vieron que era un niño hermoso era un niño guapo no, no, no, no, no no es la belleza que vieron cuando dijeron que vieron que había un niño adecuado no fue porque tenía seis dedos no fue porque el día que nació le sacaron 32 dientes no fue porque tan pronto como nació se volvió extremadamente justo, justo, compasivo no y Quiero que sepas que incluso tuvieron otros hijos antes de que él naciera, entonces, ¿cuál es el problema? pero hay un gran problema, el gran problema en realidad es el gran problema, hubo un acuerdo hace muchos, muchos cientos de años, hubo un acuerdo por el cual este joven estaba siendo liberado a la tierra para llevarlo a cabo, así que cuando la Biblia dicho por fe

Moisés cuando nació fue escondido por sus padres por tres meses no temieron la ira del rey porque vieron que era un niño adecuado y la biblia lo anotó y me preguntaba ¿por qué ese decreto? algunos de ustedes piensan que es coincidencia no fue satanás sabía que un niño está por nacer quien traerá la profecía del propósito de Dios con respecto a los hijos de Israel saliendo de la casa de esclavitud lo hará realidad de alguna manera satanás maloliente trapos y como no sabe no puede precisar ¿me estás escuchando? hay algo en ti que es turbio para satanás él no lo sabe tiene miedo está nervioso pero no puede localizar tu destino aún así todo si puede conseguir algo y solo está diciendo haz todo en caso de que la atrapes, él no lo hará Te pillo en el nombre de Jesús y la biblia decía en ese tiempo había un faraón que era tan malvado que decía cualquier niño varón que haya nacido en Israel desde el día cero ¿qué debe hacer? deberían matarlo una

DEL HERMANO GBILE AKANNI CON ENLACES DE AUDIO : INSTRUCCIONES A EL SOLTERO ; SPAIN EDI

vez que sea niño y sea macho te puedes imaginar que es en ese momento en ese momento de gran dificultad que también era el momento de que naciera Moisés la razón es porque ya hay un tiempo establecido para que se hagan las cosas que hay que hacer .

Percibo que cuando falte el tiempo para que se cumpla la palabra de Dios concerniente a los hijos de Israel Dios comenzó a hacer que las cosas sucedieran tendré tanto que hablarles de esta cosa ya que desde mañana Dios comenzó a permitir que las cosas sucedieran. Suceden aquí y allá a izquierda y derecha porque Dios vela por su palabra para hacerla realidad y nunca deja de suceder nada fuera de su propio tiempo, así que esa noche ese día nació este niño cuando era un crimen dar a luz a un bebé, particularmente un bebé. muchacho todas las mujeres en Israel las mujeres hebreas fue difícil porque si iban al hospital a dar a luz a todas las parteras de Egipto a los egipcios les han dicho a cualquier mujer hebrea que venga a dar a luz aquí miren si es un niño de frente simplemente empaca a ese bebé, no te preocupes por sus llantos, no te importa lo hermosos que se vean o lo guapos, átalos en un saco, estrangúlalo, ve y tíralo al río Nilo. No sé cuántos miles murieron, pero Moisés se mantuvo con vida. No sé cuántos miles han perecido y Dios te mantiene con vida. No sé cuántos han venido y han pasado, pero el cielo dice que no, este no, este es un niño adecuado. ¿Puedes voltear y decirle a alguien que Dios no? Sé que eres un niño adecuado, por eso estás aquí y si el cielo ha puesto sus ojos en ti como un niño adecuado, ¿cómo puedes volverte inútil? ¿Cómo puedes hacer que tu vida sea una nada? ¿Cómo puedes venderte? Eso es lo que está pasando. para llevarme a ese pequeño versículo 24 y estaré orando contigo .

La Biblia dice que porque vieron que era un niño apropiado, vieron lo invisible a su alrededor, vieron que dentro de este pequeño bebé está la liberación de la que Dios habló. Dentro de este bebé está la profecía que Dios declaró a Abraham. Este es el niño que hazlo realidad sin engatusarte sabes que no tengo ninguna razón para engatusarte no hay razón para ello si yo fuera a decir que para que esta profecía se cumpla, siembra una semilla en la vida del hombre de Dios tal vez no puedas sospecha de mí pero sabes que no vamos a hacer tal cosa sabes que si no es por la pasión de Dios y el amor de Dios que ha abrumado nuestros corazones no hay nada no hay razón por la que deberíamos estar haciendo lo que estamos haciendo sabes que si no es porque Dios ha dicho algo particularmente sobre tu vida por qué la inversión por qué la inversión por qué esta noche por qué Dios se está enfocando en ti es porque hay una hazaña de que naciste y particularmente naciste de nuevo para llevar a cabo y ha llegado el momento de hacerlo .

Entonces , cuando este coro comenzó a decir el momento de tu hazaña está aquí está aquí está aquí solo estaba mirando su boca porque no sabía que habían compuesto una canción así mientras otros perecían mientras el río Nilo pensaba por muerto . bebés y cuando Satanás pensó que cualquier niño probable que pudiera hacer una hazaña para romper el yugo de Egipto sobre los hijos de Israel cuando pensó que posiblemente debía haber terminado con cualquiera de ellos, no sabía que hay un Moisés, me atrevo a decir. que satanás te ha extrañado satanás dijo pensé que lo había terminado pensé que había terminado con esa chica pensé que ya no hay nada de ella otra vez pero pronto se morderá los dedos por lo que vas a ser en el nombre de Jesucristo y la Biblia dijo que cuando los padres de Moisés ya no pudieron esconderlo porque se estaba volviendo muy difícil dijeron Dios, creemos que este niño es un niño apropiado, creemos que este niño tiene algo que ver en el cumplimiento de tu profecía, no lo dudamos. este niño es un niño apropiado, hay algo en él, pero ahora no sabemos qué hacer otra vez y ellos no sabían qué hacer y simplemente lo sacaron por fe y lo pusieron en una canasta y fueron y pusieron él en el río y estaban mirando el dinero día y noche sin saber lo que Dios hará, dijeron Señor, hemos terminado todo lo que podemos hacer, estamos liberando a este niño en tus manos, deja que el propósito de su vida se cumpla incluso si nuestro La mano ya no puede soportarlo. ¿Saben que algunos de ustedes, algunos de ustedes sentados frente a mí esta noche, algunos de ustedes ni siquiera saben por qué vinieron a este congreso estudiantil ?

Algunos de ustedes se preguntaron cómo alguien los invitó e insistió en que vinieran. Sé que en los próximos días les gustaría ir y agradecerle a esa persona. Diga: No sabía que es Dios quien me está conectando con mi destino. ¿Se imaginan qué? sucedió Dios decidió y en algún momento simplemente me gusta agradecer a Dios por Dios ¿cuántos de ustedes alguna vez han agradecido a Dios por Dios? eh, necesitan saber cómo agradecer a Dios por Dios. Saben por qué Dios simplemente hace cosas que me desconciertan todo el tiempo. ¿Se imaginan? Dios estaba liberando a este joven que desmantelará Egipto dentro de unos años y él decidió y yo dije, está bien, que venga la hija del faraón y adopte a este niño y lo lleve al palacio del faraón y aprenda todo el idioma egipcio para que no haya nada el día. Cuando Moisés se levante para realizar sus hazañas, los

DEL HERMANO GBILE AKANNI CON ENLACES DE AUDIO : INSTRUCCIONES A EL SOLTERO ; SPAIN EDI

egipcios no podrán saber qué hacer porque incluso si decidieran hablar su idioma local .

Sabes , a veces cuando tu enemigo quiere planear tu maldad , ¿qué hacen? Comienzan a hablar en su dialecto para que tú no lo sepas, pero no hay ningún dialecto que los egipcios puedan hablar que no esté en la punta de los dedos de Moisés. Dios hizo que Egipto invirtió lo mejor de su educación en Moisés fue al colegio del rey estuvo con una beca permanente durante todo el tiempo tuvo un séquito de oficiales que lo dejaron en la escuela y le asignaron un tutor personalmente y pensaron que lo estaban preparando para convertirse en el próximo Faraón pensaron que estaban edificando a este niño para perpetuar la esclavitud de su pueblo sin saber que Satanás ha cometido un error con algunos de ustedes. Estoy emocionado por eso, se morderá el dedo por lo que van a llegar a ser en el futuro. nombre de jesucristo

Estas cosas de las que estamos hablando esta noche se realizarán muy pronto y mi clamor a Dios es que cuando ese tiempo establecido que Dios ha ordenado no podamos cambiarlo, cuando llegue, te manifestarás en el nombre de Jesucristo ahora solo por Para concluir, Moisés fue mantenido en el palacio, pero cuando dijo sí, ¿puedes leer el versículo 24 de Hebreos 11 y luego nos detenemos en eso por fe? Moisés cuando dijo sí, es decir, cuando llegó el tiempo establecido cuando llegó al sí dijo que se negó a ser llamado hijo de la hija del Faraón ha llegado el momento de que Moisés comience a hacer la hazaña para la cual nació y lo primero que hizo fue convocar a una conferencia de prensa fue una conferencia que la hija del Faraón nunca se recuperó de eso fue la decepción más grande de su vida esa conferencia de prensa fue una conferencia que inició el camino de la liberación del pueblo de Dios cuando Moisés se levantó y anunció públicamente no soy el hijo de la hija de Faraón como me ven aquí no lo soy un egipcio toda la esperanza de Egipto en mí que perezca hoy ah todos los periodistas estaban confundidos

Rápidamente fueron a buscar a la hija de Faraón que había estado diciendo ser la madre de Moisés, fueron y dijeron señora, ¿escuchó lo que dice su hijo? ¿Sabe lo que dijo la mujer? Si lo hubiera sabido, si hubiera sabido que hice todo lo posible para hacerlo. olvidar su identidad lo decoré con todo para que nunca recordara su destino pensé que podría sacarlo de contrabando del propósito divino de Dios para su vida y convertirlo en mi títere pensé que podría enjaularlo para que nunca recordara dónde venía y el propósito para el cual nació, pero he fallado. No puedo evitar que este niño se convierta en lo que nació para ser ahora. Estoy mirando hacia atrás, no sé por qué lo escogí en la cima del agua debí dejarlo morir toda clase de cosas de las que hablaba aquella señora. A Moisés no le importaba disfrutar del gozo de Dios y disfrutar del placer del pecado por un tiempo.

Al detenerme aquí esta noche, ¿por qué la inversión? ¿Y por qué el alcance del diablo sobre tu vida? Hay una profecía que has cumplido. Naciste para cumplir. Hay una tarea divina sobre ti y prepararte para la vida.

Hay una asignación divina de que usted es el único que el cielo ha designado para hacerla realidad. Esta noche, mientras les doy la bienvenida a esta reunión, veremos el tiempo establecido para sus hazañas y todo el equipo y la preparación necesarios que necesitan tener para ello. Diferentes cosas que Dios te estará trayendo.

Eso es todo lo que quiero hacer durante muchos años. Moisés rehusó ser llamado hijo de la hija de Faraón. ¿Más bien sufrir aflicción con el pueblo de Dios que hacer qué? Que disfrutar de los placeres del pecado por una temporada.

Un niño que nació para hacer la mayor oración a Dios. El enemigo quiere atraparlo con el placer de ver algo que en realidad no tiene futuro. Un niño que nació para cumplir la profecía que Dios le habló al gran gran gran patriarca y por la cual su nombre quedará por siempre en la lengua de los hombres y yo incluso cuando lleguemos al cielo dijeron que estaremos cantando la canción de Moisés.

¿Pero ves lo que quería el diablo? Quería atraparlo con el placer de verlo por una temporada. El joven dijo que no, no me quedaré para disfrutar del placer del pecado por una temporada y convertirme en una nulidad inútil. Recuerden que la Biblia dice que estimó el oprobio de Cristo como mayores riquezas que los tesoros en Egipto porque tuvo respeto por la recompensa de la recompensa y por la fe abandonó a Egipto sin temer la ira del rey porque soportó como viendo al que es. invisible.

Esta noche, ¿quién entre vosotros aceptará el sí? Cuando la Biblia dice cuando ha llegado a sí lo que me toca fue esto para que sepas el significado de llegar a sí significa cuando se ha vuelto razonable cuando ha madurado cuando ha tomado conciencia de por qué nació hizo cosas y me di cuenta de que cuando veo a un hombre una mujer como tú para quien Dios tiene un gran propósito pero ahora estás sentado con el placer del pecado por una temporada no has llegado al sí.

DEL HERMANO GBILE AKANNI CON ENLACES DE AUDIO : INSTRUCCIONES A EL SOLTERO ; SPAIN EDI

Cuando veo a algunos de ustedes que el cielo está esperando para liberarse hacia algo grandioso y los veo sentados en la jaula de la adicción en la jaula del pecado en la jaula de la mala conducta en la jaula de la inmoralidad digo Kai cuando con esto digo sí cuando un hombre una mujer de tu estatus en la presencia de Dios nacido para hacer hazañas nacido para cumplir la profecía cuando te veo desviándote aquí y allá jugando con tonterías ¿cuándo llegarás al sí porque el tiempo establecido para tus hazañas están aquí la razón por la que naciste y la razón por la que no has muerto joven ha llegado cuándo llegarás al sí cuándo dirás adiós a las cosas menores cuándo llegará a tu corazón que vivir es para un propósito más elevado que simplemente vivir descuidadamente jugando con juguetes, ¿cuándo te quedará claro que a tu edad no puedes darte el lujo de no decir sí? Así que permíteme darte la bienvenida esta noche en mi Lucas, si esto es demasiado fuerte, él no lo hizo. ni siquiera saludarnos no tuvimos suficiente es porque no tienes dos tiempo más para volver a portarte mal el tiempo establecido para tus hazañas el tiempo establecido para que comiences a abordar los temas de tu destino ha llegado el tiempo establecido para que sopeses las cuestiones y dime cuáles son los asuntos de mayor peso que tengo en la mano aquí, qué estoy haciendo con mis preciosos años

esta noche solo quiero clamar a Dios por ti y decirte padre, deja que tu inversión en esta vida no sea un desperdicio, deja que tus expectativas sobre esta vida no se desvanezcan, deja que la cadena profética que está atada alrededor de su cuello no lo dejes. que le agarren su anillo de obispo, que no se lo lleve otro se imaginan que Judas Iscariote ya estaba contado para cumplir un destino ya le dieron un espacio en el cumplimiento del propósito divino de Dios lamentablemente por 30 piezas de plata 30 no por 30.000 sino por 30 piezas de plata se convirtió en una molestia permanente y en un irredimible abandono irredimible para siempre pensó que podía ir rápidamente y quitarse la vida y ahorcarse no sabía que la muerte es sólo una puerta de entrada a una eternidad inmortal, lo hizo No sabía que pensó que simplemente cerraría los ojos y se ahorcaría y todo terminaría. No sabía que solo aceleró su descenso a pozos sin fondo desde que comenzó a caer, ha estado cayendo. ¿Sabes cuando hablamos de algo? .

Gran oportunidad

No terminaremos este libro sin brindar una salida para que quienes buscan una relación con el Señor lo hagan.

GRAN OPORTUNIDAD

No terminaremos este título en Borderless hasta que presentemos la oportunidad a aquellos que no han encontrado a Jesús de hacer las paces hoy.

Oración de salvación

Oración de salvación: nuestra primera conversación real con Dios
La "oración de salvación" es la oración más importante que jamás haremos. Cuando estamos listos para convertirnos en cristianos, estamos listos para tener nuestra primera conversación real con Dios, y estos son sus componentes:

- Reconocemos que Jesucristo es Dios; que vino a la tierra como hombre para vivir la vida sin pecado que nosotros no podemos vivir; que Él murió en nuestro lugar, para que no tuviéramos que pagar la pena que merecemos.
- Confesamos nuestra vida pasada de pecado: vivir para nosotros mismos y no obedecer a Dios.
- Admitimos que estamos listos para confiar en Jesucristo como nuestro Salvador y Señor.
- Le pedimos a Jesús que entre en nuestro corazón, se establezca allí y comience a vivir a través de nosotros.

Oración de salvación: comienza con fe en Dios
Cuando oramos la oración de salvación, le hacemos saber a Dios que creemos que Su Palabra es verdadera. Por la fe que Él nos ha dado, elegimos creer en Él. La Biblia nos dice que "*sin fe es imposible agradarle, porque el que se acerca a Dios debe creer que él existe, y que es remunerador de los que le buscan*" (Hebreos 11:6).

Entonces, cuando oramos, pidiendo a Dios el don de la salvación, estamos ejerciendo nuestro libre albedrío para reconocer que creemos en Él. Esa demostración de fe agrada a Dios, porque hemos elegido libremente conocerlo.

Oración de salvación: confesar nuestro pecado
Cuando oramos la oración de salvación, admitimos que hemos pecado. Como dice la Biblia de todos, salvo sólo de Cristo: "*Por cuanto todos pecaron, y están destituidos de la gloria de Dios*" (Romanos 3:23).

Pecar es simplemente quedarse corto en el blanco, como una flecha que no da en el blanco. La gloria de Dios de la que estamos destituidos se encuentra sólo en Jesucristo: "*Porque el Dios que mandó que de las tinieblas resplandeciera la luz,*

DEL HERMANO GBILE AKANNI CON ENLACES DE AUDIO : INSTRUCCIONES A EL SOLTERO ; SPAIN EDI

el que resplandeció en nuestros corazones, para iluminación del conocimiento de la gloria de Dios en el rostro de Jesucristo" (2 Corintios 4:6).

La oración de salvación, entonces, reconoce que Jesucristo es el único ser humano que jamás vivió sin pecado. "*Porque al que no conoció pecado, por nosotros lo hizo pecado, para que nosotros fuésemos hechos justicia de Dios en él*" (2 Corintios 5:21).

Oración de Salvación - Profesar Fe en Cristo como Salvador y Señor

Con Cristo como nuestro estándar de perfección, ahora estamos reconociendo la fe en Él como Dios, coincidiendo con el Apóstol Juan en que: "*En el principio era el Verbo (Cristo), y el Verbo era con Dios, y el Verbo era Dios. Él estaba en el principio con Dios. Todas las cosas por él fueron hechas, y sin él nada de lo que fue hecho fue hecho*" (Juan 1:1-3).

Debido a que Dios sólo podía aceptar un sacrificio perfecto y sin pecado, y porque sabía que no podríamos lograrlo, envió a Su Hijo a morir por nosotros y pagar el precio eterno. "*Porque tanto amó Dios al mundo que dio a su Hijo unigénito, para que todo aquel que en él cree no se pierda, sino que tenga vida eterna*". (Juan 3:16).

Oración de Salvación - ¡Dígala y dígala en serio ahora!

¿Estás de acuerdo con todo lo que has leído hasta ahora? Si es así, no esperes ni un momento más para comenzar tu nueva vida en Jesucristo. Recuerda, esta oración no es una fórmula mágica. Simplemente estás expresando tu corazón a Dios. Ora esto con nosotros:

"Padre, sé que he quebrantado tus leyes y mis pecados me han separado de ti. Lo siento mucho y ahora quiero alejarme de mi vida pecaminosa pasada hacia ti. Por favor, perdóname y ayúdame a evitar pecar de nuevo. . Creo que tu hijo Jesucristo murió por mis pecados, resucitó de entre los muertos, está vivo y escucha mi oración. Invito a Jesús a ser el Señor de mi vida, a gobernar y reinar en mi corazón desde este día en adelante. . Por favor envía tu Espíritu Santo para ayudarme a obedecerte y a hacer Tu voluntad por el resto de mi vida. Te lo ruego en el nombre de Jesús. Amén.

Oración de Salvación - La he orado; ¿Ahora que?

Si has hecho esta oración de salvación con verdadera convicción y corazón, ahora eres un seguidor de Jesús. Esto es un hecho, te sientas diferente o no. Es posible que los sistemas religiosos le hayan hecho creer que debería sentir algo: un cálido resplandor, un cosquilleo o alguna otra experiencia mística. El hecho es que puedes o no. Si has hecho la oración de salvación y lo has dicho en serio, ahora eres un seguidor de Jesús. ¡La Biblia nos dice que tu salvación eterna está segura! " *que si confiesas con tu boca que Jesús es el Señor, y crees en tu corazón que Dios le levantó de los muertos, serás salvo* " (Romanos 10:9).

¡Bienvenidos a la familia de Dios! Le animamos ahora a encontrar una iglesia local donde pueda ser bautizado y crecer en el conocimiento de Dios a través de Su Palabra, la Biblia.

También puedes visitar nuestro sitio en www.otakada.org que te ayudará a desarrollarte y crecer en Cristo. Usando este enlace en el estudio bíblico de descubrimiento para descubrir a Jesús por ti mismo.

https://www.otakada.org/dbs-dmm/

Viaje de discipulado de 40 días.

O puede comenzar un viaje de 40 días a su ritmo en línea a través de este enlace https://www.otakada.org/get-free-40-days-online-discipleship-course-in-a-journey-with-jesus/

O

Únase al ARCA del DISCIPULADO INDIVIDUALIZADO CON JESÚS HOY:

CANAL DE TELEGRAMA

https://t.me/holyghostschooldiscipleship

CANAL WhatsApp

https://whatsapp.com/channel/0029VaV4S1nL7UVSD6UDVD36

Si necesita orientación, envíe un correo electrónico a info@otakada.org

Que el Señor expanda tu vida y te llene de alegría, paz, amor y armonía que solo Él puede dar, amén.

¡Salom!

Equipo de Otakada.org

Printed in the USA
CPSIA information can be obtained
at www.ICGtesting.com
LVHW011732240724
786349LV00013B/389